# 新时代高职院校学生管理工作创新研究

翟文娜　著



中国商业出版社

**图书在版编目（CIP）数据**

新时代高职院校学生管理工作创新研究 / 翟文娜著.
北京 : 中国商业出版社, 2024. 8. -- ISBN 978-7-5208-3119-2

Ⅰ. G718.5

中国国家版本馆 CIP 数据核字第 2024XC8226 号

责任编辑：朱丽丽

中国商业出版社出版发行

（www.zgsycb.com　100053 北京广安门内报国寺 1 号）

总编室：010-63180647　　编辑室：010-63033100

发行部：010-83120835/8286

新华书店经销

三河市天润建兴印务有限公司印刷

*

787 毫米×1092 毫米　16 开　9 印张　180 千字

2024 年 8 月第 1 版　2024 年 8 月第 1 次印刷

定价：68.00 元

* * * *

# 前　言

在现代素质教育快速发展的背景下，高职院校越来越重视学生的管理工作。高职院校在管理的过程中应当将制度化、人性化有效结合，这有利于对学生进行更好的管理，并且还能形成较好的管理机制。在近几年的发展中，传统的高职学生管理机制早已不能满足学生管理工作的需要，新时代高职院校学生管理工作创新研究具有重要意义。

新时代高职院校的学生管理要适应当下学生的成长发展规律，认真落实《国家职业教育改革实施方案》和《职业教育提质培优行动计划（2020—2023年）》，一切以学生为中心，贯彻为学生服务的理念，正确认识学生管理的现状，转变思想观念，不断创新工作机制，积极研究对策，努力探索在新形势下学生管理和发展的新模式。

为了适应教育现代化和社会发展的需求，高职院校学生管理必须坚持科学的教育理念，不断优化管理模式，提高教育质量。深入分析并探讨当前高职院校学生管理在实践中面临的主要问题，并针对这些问题，提出切实可行的管理措施，为高职院校学生管理提供科学的理论指导和实践路径，以期促进学生的全面发展和高职教育的持续进步。

新时代高职院校学生管理工作需要结合实际情况进行创新。同时，管理人员还需要明确管理工作的重要性，确保管理制度和人性化的全面结合。同时，还要及时根据实际情况来做好管理内容的更新，及时改善教师与学生之间存在的问题，形成全新的管理理念，增强整体的管理效果，以此来促进学生的全面发展，培养更加优秀的人才。

本书在撰写过程中，参考、借鉴了部分学者的理论研究成果，在此一一表示感谢。由于作者的精力有限，加之行文仓促，书中难免存在疏漏与不足，望各位专家学者与广大读者批评指正，以使本书更加完善。

# 目 录

# 第一章　高职学生管理理论基础

## 第一节　高职院校的基本属性及学生特点

当今世界正发生着全面、深刻的变革，如信息网络化、经济全球化、生活多样化等。这些变化必然会导致人们生存和就业环境的巨大变革，对已有的高等教育体系提出新的挑战。为了迎接挑战，满足社会发展、科技进步对高素质劳动者的需求，在世界各国的高等职业教育进入调整、巩固、改革、发展的阶段之时，我国迎来了高等职业教育的春天。作为高职院校学生教育管理工作者，要顺应时代的需求，充分认识我国高等职业院校的由来、属性和学生特点，正视大学生教育管理工作的发展变化和新要求，主动转变和革新学生教育管理理念，做好在新形势下的高职院校学生的教育管理工作。

### 一、高等职业院校的基本属性

教育部明确规定：高等职业教育具有高等教育和职业教育的双重性。学校以服务为宗旨，以就业为导向，实行产学研相结合的办学方针。在教学中强化实训实践环节，着力培养学生的职业道德、职业技能和就业创新能力，使学生成为高素质高技能人才。

#### （一）高职院校的高等教育属性

高职教育是高等教育发展到一定阶段后产生的分支，它与普通高等教育同属于高等教育范畴，具有高等教育的根本属性。

（1）体现于高等教育对提高公民素质所起的作用。高等职业教育和普通高等教育都是高中阶段之后的高层次教育，可以大大提高全民文化素质和从业能力。

高职院校设置的专业几乎覆盖了地方上的各个社会领域和经济领域，是地方实现“高等教育大众化”的主要力量。“职业教育不只是获取生存技能的途径，而且还应成为提升人的境界、丰富人的精神世界的一种方式，受教育者不只是被开发的对象和增加财富的资源，而且要成为发展的中心目标和终极目标”这一高等教育促进人发展的基本功能，对于提高公民素质起了重要的作用。在中国每一个地区都有一所高职院校的情况下，高职教育体现这一高等教育基本功能的意义尤其重大。

（2）体现于高等教育共同的基本人才质量观。科学的人才观认为，具有一定的知识和技能、能够进行创造性劳动、对物质文明和精神文明有积极贡献的人就是人才。高等教育大众化已是趋势，高等教育已经从社会的边缘走向了社会的中心，成为社会发展的轴心机构，人才质量不再是一种标准，而是变成了一个相对的概念。高校的人才质量观从“知识本位—能力本位—素质本位”，再发展到当代高校“知识、能力、素质相融合”的人才质量标准，是21世纪信息社会经济、科技对高素质人才的客观需要，这也成了中国和世界各类型高校的普遍追求和共同特征。衡量高等学校人才培养质量的标准，主要是评价毕业生群体能否很好地适应现实发展的需求，能否很好地为政治、经济、文化发展服务。

（3）体现于高等教育的专门化、多样化和终身化。现代经济、社会对于人才专业化和多样性的要求，决定了高中后教育的专门化、多样化和终身化。高等教育结构多样化、办学体制多样化、质量标准多样化，高等教育不再单纯是以学历教育为主的教育系统，它同时包括以职业资格教育为主的行业教育系统和以文化生活教育为主的社会教育系统等。职业教育包括职业价值观教育、职业道德教育、通用的职业能力教育和专门的职业能力教育。职业人需要有伴随职业生涯始终的教育，这就决定了专门教育必须终身化。提供专门化、多样化和终身化的教育服务是高等职业教育和普通高等教育的共同属性。

### （二）高职院校的职业教育属性

高职院校最重要的基本特征是学校类型的独特风格，这是高职院校区别于普通高等院校或中等职业学校的特征，它体现了高职院校在高等教育系统中的独特位置，是高等教育多样性的体现，也是高职教育核心竞争力之所在。

（1）依据经济社会的职业岗位和技术领域需要设置专业。针对区域经济发展的要求，灵活调整和设置专业，是高等职业教育的一个重要特色。教育部要求：各级教育行政部门要及时发布各专业人才培养规模变化、就业状况和供求情况，调控与优化专业结构布局。高职院校要及时跟踪市场需求的变化，主动适应区域、行业经济和社会发展的需要，根据学校的办学条件，有针对性地调整和设置专业。

高职院校专业设置大多以社会职业分类为基础，根据社会经济发展的职业岗位和技术领域的需要而设置。同时，专业的设置也会因市场经济结构变化的影响而进行调整，新的职业岗位不断出现，高职院校基本上每年都要分析人才市场的需求和职业岗位的发展动态，适时开发新专业、改造老专业、淘汰过时专业。

（2）依据岗位能力和职业素质的培养要求制订教学计划、设置课程。作为以就业为导向的职业教育，教学环节及课程的设置必须针对一定的职业岗位；作为以素质为中心的高等教育，必须考虑培养学生的发展性和推行可持续学习的课程。教育部要求：高等职业院校要积极与行业企业合作开发课程，根据技术领域和职业岗位（群）的任职要求，参照相关的职业资格标准改革课程体系和教学内容。高职院校的课程设置，是以适应性和针对性的辩证统一为原则，并随着职业岗位的变动及其内涵的不断丰富而呈现愈加明显的趋势，注重培养学生的可持续学习能力，为其发展打下坚实的基础。

（3）教学过程突出实践性。教育部规定：高职院校教学注重应用理论和实践相结合，强化技能训练，突出对应用能力的培养。高职院校培养的是高素质技能型人才，在教学过程中注重学生实践能力的培养，广泛采用案例教学、项目教学、工学结合等方式方法，培养应用型人才。高职院校对高技能人才的培养面向社会、面向人人，培养与培训突出针对性、职业性、灵活性和开放性，将学校的教学过程和企业的生产过程紧密结合，通过订单培养、工学交替、顶岗实习等方式方法，加强学生的生产实习和社会实践工作，校企共同完成教学和人才培养任务。

## 二、高职院校学生的基本特点

在校高职学生的身心还未完全成熟，世界观、人生观、价值观还未完全树立。据有关数据统计，高职学生数量已近大学生数量的一半，他们将是社会主义现代化建设的主要力量之一。从目前情况来看，高职学生的独立生活能力正在形成中。他们大多为独生子女，从小生活条件较好，成长过程比较顺利，基本没有经受过大的挫折。他们身处信息时代，从小就接触各种新媒体工具，接触的信息多而广，受到各种社会思潮的影响，对各种社会现象具有一定的认知，其中有错误的也有歪曲事实的。多方面的因素使高职学生呈现一些新的特点，具体表现为认识观念的矛盾性、个性特征的复杂性、学习情绪的功利性和生活状态的倦怠性。

### （一）高职学生认识观念的矛盾性

高职学生有非常强烈的爱国热情，他们都立志报效祖国，愿意为祖国的富强、民族的振兴奉献自己的青春。但是，由于高职学生自身的年龄和阅历因素，部分高职学生对国家的大政方针认识不够深入，对政治原则缺乏深刻的认知，对当前社会上存在的一些不良社会思潮的危害性认识不足，对中国的历史缺乏正确和全面的认识，对中国当今的国情不能深入地把握，容易感情用事、意气用事，不能很好地控制自己的行为，从而会走向良好愿望的反面。

### （二）高职学生个性特征的复杂性

高职学生思想积极活跃、个性张扬，有强烈的表现欲望。一方面希望得到大家的认同，喜欢表现自己，但是部分学生缺乏沟通能力和承受力，心理素质比较差，一遇到挫折和打击，就灰心丧气，甚至一蹶不振，对自己丧失信心，他们常采取逃避方式，面临内心所想与自身行为严重背离的状况。另一方面，高职学生或多或少都有些自卑，他们会羡慕考入本科院校的同学，但对自己失利的原因却归因不当，他们把自己的失利归因于外部环境，而不是自身努力的不足。此外，一些高职学生本身就存在自控力弱、学习力差、自信心不足等情况，在互联网中，各种网游、虚拟社区等游戏让部分高职学生沉溺其中、不能自拔，这些学生在虚拟世界寻求存在感、自信心、满足感。严重者甚至通宵达旦，导致身体素质下降、生物钟紊乱、思维模糊、食欲不振等不良生理和心理反应。

### （三）高职学生学习情绪的功利性

高职院校的学生学习基础相对薄弱，分析问题能力、思维和提炼能力也相对不足，遇到困难易出现烦躁情绪。部分学生学习较为功利，在学习中喜欢从学习内容的“有用”与“无用”入手，当他们认为教师讲授的知识“无用”或“无趣味”时，就无心听课。学习中亦不擅长用脑“理解”，喜欢带有趣味性的问题，厌倦需要深入理解和分析的学习内容，偏好实践实训和对“情境性”内容知识的学习，不会也不愿意钻研和深入学习，很少能享受到解决学习难题后带来的快乐。相反，过多地体会到的是学习成绩不佳、学习效率低下的困顿。相当一部分高职学生的自控能力较差，学习缺乏主动性，学习效率不高，不会按专业性质主动选择及安排课内及外延的学习内容，巩固、拓展自己的知识。这部分高职学生的学习仅局限于课堂，把课堂上教师传授的知识作为学习的全部，遇到困难就退缩，不能知难而进、努力克服。

### （四）高职学生生活状态的倦怠性

高职学生普遍存在心态浮躁、缺乏生活激情的问题。面对学习上的“挫折”和未来就业的压力，不少学生悲观失望，丧失信心，在思想情绪上多呈现消极、浮躁、焦虑、紧张、忧郁、自我否定等状态，这些不良情绪将直接影响学生的学习生活状态。有些学生消极对待学习生活，养成了万事问网络的习惯，没有自己的思考和观点，创新意识减退，创新能力减弱；当一天和尚撞一天钟，课余生活单调，缺乏健康、积极、向上的活动或爱好。他们一方面高呼课余生活无聊、孤单，没有人能理解；另一方面，又不愿意走出寝室，走到操场，走向人群去参加集体活动、参加体育锻炼。部分高职学生的课余时间多被他们用来上网玩游戏、聊天、看电视剧、读网络小说等，为此消磨了大量的青春年华，他们在虚拟世界中寻求安慰、寻求成就感。

## 第二节 高职院校学生工作特点与创新

民族要振兴，教育是根本。21世纪最为突出的特征就是人力资源的竞争，人才的数量、质量以及人力资源的配置机制是一个国家可持续发展能否顺利进行的决定性因素。培养人才是一项复杂且系统的工程，作为培养具有高素质技能型人才的高职院校，在重视教学的同时，必须结合高职院校自身特性，针对高职学生的特点来开展调查和研究，进而找到有效的教育途径和方法，加强对学生的教育管理与引导。

### 一、高职院校学生工作的特点

当今，高职院校的学生工作呈现一些新的特点，具体表现为主体的层次性、客体的多重性、环境的复杂性和理念的滞后性。

#### （一）工作主体的层次性

高职院校学生教育管理工作的主体是一支以专职学生教育管理工作人员为主、兼职教师为辅的数量庞大、覆盖面广阔的教育管理队伍。具体而言，学生教育管理的组织机构按照层次划分，可分为高层管理机构、中层管理机构和基层管理部门三个层级。高职院校学生教育管理工作的主体具有专兼结合、多层次、多格局的特点，基本实现了对高职学生的全员、全程、全方位的“三全”管理。

#### （二）工作客体的多重性

随着经济的发展和时代的变迁，当今的高职学生管理呈现了多样性的特点，教育管理客体的复杂性增加了教育管理工作的难度。一是高职院校学生大多处在18~22岁，这一时期正是一个人一生中心理和生理变化最大的时期。二是高职院校学生群体成分复杂，既有城镇子女，又有农村孩子；既有家底殷实的富裕子弟，也有经济拮据的困难学生；既有踏实愿学的学生，也有得过且过的学生。因此，学生群体的良莠不齐增加了教育管理工作的复杂性。三是从理想信念和价值观层面上看，有的高职院校学生树立了正确的世界观、人生观和价值观，能够自觉践行社会主义核心价值观；有的则缺乏远大的理想，功利心很强，做事总是要求现实的回报，目标迷惘，价值观混乱，缺乏辨别是非的能力。

### （三）工作环境的复杂性

随着当今世界多极化趋势的发展，经济全球化的进程日益加快。此外，高职院校的教育体制改革和大规模的扩招办学使得当今高职院校的教育管理环境变得复杂。在全球化的大背景下，对高职院校教育管理者而言，要做好高职院校学生的教育管理工作，需要解放思想、与时俱进，更多地与外界交流，更多地接受新思维，完善学生教育管理工作，这关系到高职院校的安全稳定和各项工作的顺利进行，也关系到社会主义建设人才的培养和国家的长治久安。

### （四）工作理念的滞后性

首先，学校教职员工管理理念滞后，全员育人的理念还没有完全建立起来。

其次，教育管理人员管理理念滞后，偏重管理，轻视服务和教育。学生教育的主体性没有得到充分的体现，没有真正把学生放在第一位，没有围绕学生的发展来开展工作。

再次，教育观念滞后。受学生水平参差不齐的影响，部分学校教育管理人员并不是对所有学生都抱有可教育的观点，没有用一分为二的、发展的眼光去看待学生，对自己欣赏的学生就只看到优点，对自己不看好的学生就只看到缺点，从而忽视在整个管理体制中学生主体应有的权利。

最后，人才观念滞后。受社会大环境的影响，社会上存在唯学历论英雄、鄙薄职业教育的现象，而部分职业院校的教职员工对此也没有正确认识。

## 二、高职院校学生工作的创新

创新是一个民族进步的灵魂，是一个国家兴旺发达的不竭动力。高职院校学生工作面临着新情况、新问题、新矛盾、新挑战，作为学生工作者必须转变观念，结合工作实际，开拓创新，与时俱进，建立适应时代的管理制度；勇于探索，勇于实践，寻求新的管理方法和途径，提高管理水平，为社会培养更多、更好的优秀人才。

### （一）教育管理理念创新

(1) 转变教育管理观，树立以学生为本的思维模式。转变教育管理思维工作模式，改变传统封闭管理模式，建立“以学生需求为本”“以学生能力为本”“以学生素质为本”“以学生发展为本”的生本教育管理理念；尊重、理解、信任和关爱学生，将学生放在管理的主体位置，尊重学生的身心发展规律和其合理的需要，考虑到学生的年龄特征、时代特征，从学生的内在需求出发，引导学生把自身的成才目标与学校的教育目标统一起来，为学生的成长创造条件，使教育管理与服务体系结合在一起；实现从管理到服务的转型，把管理育人理念贯宽教育管理的始终。

（2）构建新型师生关系。现今是知识爆炸的时代，是互联网的时代。通信技术发达，信息传播途径广泛，学生获取知识、了解资讯、认识世界的方式、途径也多种多样；现在的高职学生从小成长的家庭环境、社会环境、世界经济环境也发生了新的改变，教师、学校管理人员对学生而言也不再是高高在上的、神圣不可侵犯的存在，学生有自己的价值判断，对社会有自己的理解和认识。因此，传统的以“管住”为目标的管理方法已经不能适应现在的学生管理，新型的师生关系亟待构建。作为高职院校的学生教育管理人员，一定要认识到，开放性和灵活性是高职学生工作的新的时代背景和基本特征。故应当改变传统的学生管理理念和工作方式，构建相互尊重、相互理解的平等和谐的师生关系，由管理约束学生向服务发展学生转变。

### （二）教育管理制度创新

（1）建立全员育人制度。影响人的外部因素主要包括遗传、环境和教育学，在学校学生工作中，育人既是一个传授、引导的过程，也是一个感化、熏陶和养成的过程。在学校中，从课堂学习到社会实践，从宿舍生活到学习生活，从教室文化到校园环境，点点滴滴与学生生活相关的人、事都会影响学生的成长。在传统观念中，任课教师只管上课，思想政治教育工作是班主任或辅导员的任务。现在应该摒弃这种观念，转变教育模式，建立全员育人的意识，“教书”与“育人”不是剥离开来的两个部分。学校教育也不仅仅是任课老师、辅导员、班主任的事情。全员育人包括“教书育人”“管理育人”“服务育人”几个部分。学校的教师、各职能部门的工作人员、管理人员都有一个共同的工作目标——立德树人，他们在从事本职工作的过程中，对学生进行直接的或是间接的教育影响，以“润物细无声”的方式让学生在日常学习、生活中受到潜移默化的熏陶，把外在的教育影响转化为学生内化的教育影响。

（2）整合教育资源，形成教育合力。学生的教育管理涉及范围相当广泛，包括思想政治教育、法纪安全教育、心理健康教育、就业创业教育、综合素质教育、教学管理、公寓管理、社团管理、资助管理、档案管理等诸多方面。目前是教育部门与管理部门两者各司其职，形不成教育合力，因此教育管理工作收不到应有的效果，对于培养高素质、技能型人才的教育目标来说事倍功半。高职院校应整合教育资源，完善健全与高职学生的特点相适应的管理制度，明确不同层级中学生管理相关部门的职责、权限关系，做到岗位到人、职责到人、责任到岗，实现管理者责、权、利的统一。各职能部门之间应建立起精诚团结、有效合作的一种工作状态，形成教育合力，使教育管理工作能够更加高效、实效。

### （三）教育管理队伍创新

（1）优选适合人才进入学生管理队伍。学生管理队伍（辅导员或是班主任）是与学生接触最多、对学生影响最大的人员之一，是高职院校开展学生管理工作的骨干力量，是高职学生思政教育和管理工作的直接的组织者和实践者。因此，建立一支素质高、能力强、较稳定的学生工作队伍显得尤为重要。高职院校应建立和规范学生管理队伍的准入机制，优选政治强、业务精、纪律严、作风硬、心理素质好的人员加入学生管理队伍。结合学生管理工作的特点，还应考核应选人员的表达力、沟通能力、思维创新力等。

（2）学生管理队伍不断充电、提升。学生教育管理工作具有工作主体的层次性、工作客体的多重性、工作环境的复杂性等特点。在学生教育管理过程中会不断地面临新的环境、新的情况、新的问题，因此，学生管理队伍也需要不断地提升自己，充实自己。高职院校应对学生管理队伍建立合理的培训规划，建立多种层次、多种主题、多种形式的校内外培训机制。通过培训让新进人员快速地了解学生管理工作、熟悉业务；通过培训让学生管理队伍掌握教育原则、方法、教育的艺术；通过培训让学生管理队伍工作增强职业认同感和责任感，引导他们以身作则，细心、耐心地开展工作；通过培训让学生管理队伍提高其心理咨询及就业指导能力，提高工作效率，提高工作积极性。

（3）学生参与管理，实现学生自我教育管理。管理的最高境界是“无为而治”。要实现这种良好状态除了需要教育管理人员自身具有较高的素质和管理艺术以外，还需要学生提高教育管理能力，包括自我教育、自我服务、自我管理。增强学生的“三自”能力，既能提高教育管理效率，又符合素质教育以学生为主体、发挥学生主体性的基本要求。

### （四）教育管理方法创新

（1）进行全方位教育，提高学生综合素质。对高职院校学生实施包括思想政治教育、心理健康教育、就业创业教育、创新意识教育等的全方位的教育。教育方法是一个多元方法体系，是教育者行使教育职能、实现教育目标，使教育工作落到实处的重要环节。一方面，世界经济发展和科技进步主要是依靠高素质的人才，我们培养学生就应该使学生能够在德、智、体、美等方面全面发展，提高学生的综合素质。另一方面，传统的教育方法所能达到的效果与新经济时代的要求相距甚远，教育领域出现的诸多新生事物从客观上要求对教育方法进行创新。教育者要根据教育规律、教育原则，结合时代特点，把现代网络技术、可行性分析技术、全面质量技术等先进技术成果引入教育领域，并对其进行调整、改革，推广创新教育。时代的发展需要既具备科技知识又具备人文素养的高素质综合人才，需要教育管理者既重视科学知识教育，也加强人文教育，使高职院校真正地承担起融合科技教育与人文教育，为国家培养符合时代需要的高素质人才的历史责任。管理者创新教育方法，在教育过程中处理好知识、能力与素质的关系，以适应社会需求为目标，突出人才培养的针对性和应用性，让学生能够具备一定的可持续发展能力。

(2) 创新管理方法，提高管理质量。学生的教育管理涉及范围相当广泛，包括理论教学管理、实践教学管理、学生公寓管理、学生资助管理、学生社团管理、学生档案管理等诸多方面。在知识经济时代，新技术、新事物不断出现，给教育带来的影响也十分巨大，教育管理的特征也在不断变化，教育领域出现的诸多新生事物从客观上要求对教育管理方法进行创新。学生是我们教育的主体，我们一切努力都是为了学生更好的发展，学生处在整个管理体系的最重要位置。教育管理者需要认真研究教育领域的新事物、新变化，总结规律，把握特点，充分运用新技术、新方法，不断地整合与创新管理方法，提高管理质量，使教育管理更加适应时代的要求，从而有利于学生创新意识和创新能力的提升，培养出更多适应时代需求的具有创新思维的人才。

### （五）教育管理途径创新

(1) 充分发挥学校的主渠道作用。高职学生教育管理要充分发挥学校教育的主渠道、主阵地作用。一是要充分发挥课堂教学在教育管理中的重要作用。课堂教学是教育的主要途径，是大学生系统学习知识、进行思想教育的重要渠道，要充分发挥课堂教学对高职学生教育管理的作用。二是要整合现有的思想政治理论课程、创新创业教育课程、健康教育等相关的内容，突出和渗透在各门课程中蕴含的丰富的教育资源，使这些课程教学在培育大学生素养方面能够更加理论化、系统化。三是要加强校园文化建设，在潜移默化中对大学生产生教育影响。开展丰富多彩、积极向上的科技、体育、艺术等活动，寓教于乐，潜移默化地陶冶学生情操、愉悦身心、凝聚人心、激励斗志，培养学生的综合素质。四是教育管理人员多方位地进行教育指导，发挥辅导员和其他任课老师的作用。对学生最熟悉的人莫过于辅导员。辅导员是在日常学生管理过程中与学生直接接触最多的教师之一，他们对学生的个性特征、心理状态等方面都有比较全面的了解，这样的优势就使得他们能对学生进行具有针对性的教育指导。此外，其他任课老师，尤其是专业老师，是除辅导员外与学生接触交流最多的教师。任课教师可以利用其自身优势，帮助学生提高他们的理论知识水平和专业技能。

(2) 拓宽校外教育管理途径。学生受到的影响是来自多方面的，包括学校、家庭和社会。教育影响要形成教育合力，就需要多方面的共同努力。一方面，学校要和家长建立起联系，既能了解学生的历史情况，有利于有针对性地开展教育引导工作，又能将学生的在校情况及时反馈给家长，双方共同对学生开展教育。在家庭内进行教育有其独特的优势。父母对子女而言具有亲和力，可有效减弱学生的逆反心理，强化教育的效果。家庭教育伴随人的一生，人的成长无时无刻不受家庭教育的影响。优良的家庭教育，不仅能够培养出好的家庭成员，更能为社会培养好公民；不仅能够塑造公民的个体灵魂，而且影响着民族的整体精神。因此，家庭教育在学生发展过程中发挥着不可忽视的启蒙和熏陶作用。另一方面，开展校企合作，充分利用校外丰富的教育资源，对学生实施教育影响。企业相对于高职院校而言，蕴含着丰富的有形和无形的教育资源，如教学资源、师资资源、德育教育资源等。高职院校在与企业“合作办学、合作育人、合作就业、合作发展”的过程中，对这笔教育财富应该充分地加以利用，和企业开展合作，开辟高职院校教育管理的新途径，与企业共同做好高职院校学生的教育管理工作。

（3）充分利用网络，开展教育管理。随着科技的不断发展，各种新技术、新工具不断涌现，这些新技术、新工具都是为了让人们的学习生活更加方便舒适而产生的。信息化校园可以让学生用自媒体网络进行交费、选课、考勤、查成绩、找资料、问答甚至听课等，使学生感受到网络的方便快捷，让他们在网络上学习到丰富的人文、科技知识，提高自身的素质和能力，使他们不再沉迷于网络游戏、网络交友、网络聊天等无谓的活动中，从而形成积极健康的校园网络文化。同时，加强高职学生自我教育的能力，提高学生的道德修养，引导他们正确认识网络生存方式与现实生活的关系，自觉抵制不良网络行为，争做文明网络人，构建积极健康的网络主流文化。同时，积极组织校园文化活动、实践活动和心理疏导活动，为学生提供增强实践能力、实现自己价值的机会，减轻他们对网络的依赖程度。

# 第二章　新时代高职院校社团管理工作的创新研究

## 第一节　学生社团的概念

学生社团作为高职院校校园文化的生力军，在创建校园精神文明、繁荣校园文化、培养学生创新精神与实践能力方面起到了重要的作用。而要进一步分析学生社团，就要先知道学生社团的概念及其主要特征。

### 一、学生社团的概念

《教育大辞典》对学生社团的概念是这样界定的，即“学生是在自愿基础上结成的，不分年级、系科甚至学校的界限，由兴趣爱好相近而组成的各种群众性文化、艺术、学术团体”。而《辞海》则是这样定义学生社团的，即“以有益于学生身心健康成长为原则，由中国高等和中等学校的学生自愿组成的，形式多样的群众组织”。可见，学生社团实际上是为了达到共同的目标或理想，由校内学生自愿组成的接受学校管理的学生群众性自治组织。大学生社团是存在于高校的学生社团，对于它的性质，我们可以参考共青团中央、教育部在《关于加强和改进大学生社团工作的意见》中的观点：大学生社团是由高校学生依据兴趣爱好自愿组成，按照章程自主开展活动的学生组织。

大学生社团一般会开展各类社会活动，这些活动为广大学生带来了充实的课余生活，并提供了发展个人爱好的多种场所。比如，信仰型、学术型社团可以通过举办研讨会、演讲会、讲座、竞赛、展览、沙龙等活动组织学生交流思想、探讨问题、增长知识、拓宽视野；文娱型社团可以通过各种文化活动来愉悦身心，丰富生活；服务型社团的人员可多可少，服务地点可以在校园内或校园外，充分根据成员的专业和技能特长来组织活动。这些活动撑起了高职院校校园文化的繁华天空，让每个置身校园的人，都能感受到浓浓的文化气息，并从中饱览大师级人物的魅力，多角度、多层次地品味历史文化艺术的精华，增长见识，锻炼体魄，陶冶情操，构筑健康的精神世界，进而提高学生的人文素养和身心素质。

同时，大学阶段是个人实现社会化的重要时期，而社团恰恰是大学生完成社会化的一条捷径。青年学生在踏入社会的前夕，都希望能够尽早体验社会，熟悉社会的特点和运作规律，从而降低高校与社会间的门槛，缩短就业的适应时间。因此，社团应该尽量满足学生的这一需求，利用自身的社会化特征，为他们创造条件。

从自身定位来看，学生社团是高校枢纽型团组织坐标系构建的重要“维系”。学生社团蕴含着丰富的育人因素，且具有寓教于乐的效果，因此党团组织对学生社团发展寄予厚望，这也要求社团能围绕党政工作中心，服务于高校的整体工作，共同建构好共青团组织坐标系的多元“维系”。

从主体发展看，社会对人才的多样化需求迫切需要学生社团在锻炼培养人才方面发挥积极作用。人才需求的多样化必然带来人才培养模式的多元化，学生这一主体的个性化需求迫切需要高校建构多元化、多维化、多层化的人才培养体系。高校社团本身具有开放性、自主性、灵活性特质，通过开展形式多样的专业特色活动、素质拓展活动、社会实践活动、志愿服务活动等，在一定程度上提高学生的综合素质，提升学生的综合能力。

从建设原则上看，近年来，随着高等教育大众化的普及，学生社团在数量上已经达到一定的规模，社团类型层次化，社团发展多样化，社团功能全方位。由于社团数量的异军突起，加上指导力量不能全面顾及，势必带来社团重活动轻管理、重形式轻内容、重结果轻过程等问题，进而导致社团建设品位不深、社团活动层次不高、社团成员作用发挥不好等问题。长此以往，势必导致社团活动的旨趣背离初衷，削弱其应有的影响。因此，学生社团应坚持质量优先、强化特色、注重实效。

## 二、学生社团的主要特征

学生社团作为社团的一种，在自发性、非营利性以及非正式的特征上，与通常意义上的民间社团有很多相似之处。但是学生社团与其他社会团体又具有明显的不同，表现为以下几个显著的特征。

### （一）社团组织的松散性

学生社团说到底是一种群众组织形式，一般具有组织结构松散的特征。学生加入社团只须报名登记就可以参加，无须办理较为复杂的手续，也不需要进行严格的组织审查，有的以简单的考试代替，一般成员均可自由退出。

### （二）团队成员较为单一

从实践上来看，社会上的普通社团，其成员往往十分复杂，学历、职业、素养等都存在一定的差别。学生社团则不同，作为建立在高校校园内的社会团体组织，其成员构成比较单纯。而学生社团的所有成员都是有着共同兴趣爱好、年龄相仿的在校学生，往往还以同一学校的学生为主，很少有跨校的社团成员，即其成员的社会角色比较单一。这样，在社团内部的成员彼此间更容易产生共鸣，关系更为密切，凝聚力相对较强。

### （三）需要接受学校的管理

学生社团必须自觉接受学校团委、各院系团委的领导，必须遵守宪法、法律以及学校各项规章制度。社团活动不得妨碍学校各类正常工作和教学、生活秩序。学生社团的会员应当是具有正式学籍的在校学生。学生社团不得从事以营利为目的的经营性活动。学生社团的基本任务是：适应社会发展需要，适应教育改革及学生成长成才的需要，积极开展健康有益、丰富多彩的课外科技文化艺术活动，促进学生德、智、体、美、劳全面发展。

### （四）自发、自治

学生社团的成立，一直是由学生自愿、自由、自主地组织在一起。加入学生社团不需要组织安排，而是基于学生的共同兴趣、爱好、习惯和追求等，由学生自由、自发地形成，这就使得学生社团的活动具有很强的自由性。社团活动不受教学计划、教学大纲和教科书的限制，其可以通过活动和开展项目来进行基于问题的学习和基于项目的学习，较之学校其他学生活动形式和学习形式具有更大的自由度和选择性，也更有利于增长学生的见识，锻炼学生的才干，提高学生的能力。同时，在对学生的要求方面，社团活动不像课堂教学活动那样“一刀切”、齐步走，学生的学习完全可以在一种宽松、自由和生动活泼的氛围中进行，学生的个性亦可以得到充分的尊重和充足的发展。在社团的管理方面，学生社团在学校管理机构的指导下，由学生自己管理自己，自己教育自己，有效地组织和从事社团活动。

### （五）体现明显的时代发展特点

当今高职院校的校园环境是多元性文化的呈现地，学生能够通过互联网、报纸杂志等媒介敏锐地捕捉到最前沿的文化内涵，并将这种文化内涵带到社团中。此外，当代高校学生社团已经突破了校园这个小的文化圈，他们主动走出校园直接与各种社会组织展开交流与合作，吸取了许多社会上较为先进的理念和模式，这也促进了社团文化的快速更新和发展。例如，某些社团会引入企业管理和文化建设的模式，使得社团成员能够以一名准企业员工的身份切身体验到走向工作岗位以后的工作环境。

#### （六）社团类型多样

近几年，全国高校学生社团呈现出了蓬勃发展的势头，从社团的角度看，学校是个大社会，在社会上存在的社团，在学校里几乎都可以找到影子，在社会上没有的社团，学校里往往也可以找到。目前，我国的学生社团可谓包罗万象、类型繁多。社团按照领域可分为体育类、艺术类、学术类、实践类等，按照功能可分为创业型、研究型、学习型、社交型、政治型、休闲型、公益型、服务型、学术型、虚拟型等。

#### （七）兴趣一致

学生社团具有自发性、成员广泛性的特点，这些特点正是基于高校学生有着相同的兴趣和爱好。社团成员拥有共同的兴趣、爱好、观点、特长等，故而在这种群体活动中表现出高涨的热情和参与性，并在活动的过程中相得益彰，所以社团拥有极强的凝聚力，大家都愿意为共同的目标而努力。因此，兴趣一致是学生社团的突出特点之一。

## 第二节　社团管理的原则

在学生社团的管理过程中，对外部组织及内部团队的管理是关键的环节，做好这两方面的管理有助于学生社团的健康发展。而开展科学的管理离不开科学管理的思想指导，高职院校管理人员应以科学的理念来进行学生社团的外部组织和内部团队管理。本节主要对这部分内容进行分析。

### 一、学生社团的外部组织管理

一般来说，学生社团的外部组织管理主要是学校层面对社团的管理，它主要体现在学校制定的《社团管理条例》等相关文件中，也体现了高校的办学理念。总体来看，各校在办学理念上各有差异，在社团管理上也有一定的区别，但不同高校在社团外部组织管理上也会体现以下共性。

#### （一）高职院校管理学生社团的指导思想

管理思想是人们对管理过程中发生的各种关系的认识总和，是由一系列观念或观点所构成的知识体系，是指导管理人员从事各项管理活动的路标和蓝图，是管理机制的主导因素。有了正确的管理思想才会有有效的管理机制。同理，有效的学生社团管理机制也必须建立在正确的学生社团管理思想上。从我国的实践情况来看，各大高校在学生社团管理上一般遵循以下思想。

1.突出学校党、团委对学生社团的领导地位

学生社团的建设与管理必须贯彻党的教育方针，以培养社会主义事业的建设者和接班人为目标。学校党委要重视对学生社团进行政治引领，特别是作为具体指导学生工作的高校各级共青团组织更要切实承担起思想政治教育进社团工作的具体任务，把社团工作纳入团学工作的整体格局，把社团中的青年学生纳入团组织的评价系统，这样就形成了各方面共同参与、协同配合、保障有力、能够推动思想政治教育进社团工作持续、健康发展的有效工作机制。

2.树立“管理就是服务”的工作理念

从管理内涵的实质和出发点来看，管理就是解决某种问题或维护某种状态，以此来使社团成员的某一群体或者个体得到某种利益。换言之，就是通过“管理”给予他人“服务”，所以“管理”是手段，“服务”是目的，管理的本质是服务，学生社团管理也是如此。在学生社团管理中，管理人员的工作目的就是实现学生综合素质的提高和校园文化的繁荣昌盛，究其实质就是通过管理服务到位，创造良好的环境和条件，诱发内因，把社团成员充分发动和组织起来，使他们能够真正成为社团的主人，和管理者们一起去实现社团组织的科学长效发展。因此，高职院校管理人员要牢固树立“以学生为本”的服务理念，端正管理工作的指导思想和出发点，积极探索学生社团的发展模式和理念，“寓管理于服务之中”，不断增强服务意识，为学生社团创造宽松的发展空间。

3.要坚持有利于学生全面发展的原则，突出社团的“教育性”

不管学生要成立什么样的社团或开展什么样的社团活动，都必须有利于学生德、智、体、美全面发展，否则一概禁止。要坚持民主管理的原则，突出“以生为本”。学生社团主要突出自我管理、自我教育和自主发展，重在展示和培养学生的个性、特长，体现民主和开放的理念，所以学校对社团主要是采取宏观管理，重在引导、监督和服务。

4.具备把握新变化、与时俱进的时代观

目前，学生社团在发展过程中出现了新情况和新趋势，社团种类由最初单一的兴趣爱好型转变成融兴趣、学习、科研、服务、责任等为一体的多样化类型，活动内容也由以兴趣型为主向以实践型为重转变，社团活动范围正在由以校内为主向以社会化为重扩展，社团性质也更多地被赋予了教育、管理方面的行政职能，这些新变化为当前的学生社团管理带来了新挑战，也更凸显出学生社团在发展和建设过程中存在着管理不够规范、条件有限、发展还不平衡等问题。基于此，作为社团管理者必须把握新形势，与时俱进，健全和创新社团管理机制，丰富管理

方式，制定新办法，有效应对新变化、新问题，保证其能够健康有序地发展。

### （二）高职院校对学生社团创建的管理

目前，几乎所有的高校都成立了学生社团管理机构——学生社团联合会，它以“科学、民主、活泼”为理念，以“管理社团、服务社团”为宗旨，传承“社联家文化”，始终致力于学校社团文化建设和校园文化传播。

学生社团联合会负责学生社团的创建管理，根据我国的实际情况，只要是在籍的学生都有权利申请成立社团，但必须符合一定的条件，即社团除了必须遵守国家法律、法规和学校的相关规定，还要有利于学生的发展。

在满足了学生社团成立条件以后，学生群体要向社团联合会提交学生社团成立申请书、社团章程草案、发起人的基本情况说明、业务指导教师的基本情况说明、社团成立审批表，社团挂靠单位及指导老师意见。社团联合会在收到学生组织提交的材料后，应根据学校的具体管理条例，以及学生社团组织的筹备状况等做出批准或者不批准筹备的决定。批准的，则由发起人组成社团筹委会开始筹备工作；不批准的，应向发起人说明理由。社团获批后，筹备人员应召开会员大会或者会员代表大会，通过章程，产生执行机构和负责人，并向校学社联申请成立登记。学生社团完成筹备工作后，校学社联发给学生社团《学生社团登记证书》，并向学校有关部门通报。

### （三）高职院校对学生社团变更与注销的管理

学生社团的登记、备案事项需要变更的，应在形成决议后向校学生联合会申请变更登记；学生社团修改章程，须将修改意见报给校学社联审核后方可提交会员大会或会员代表大会审议，社管会对社团提交的章程进行修改后给出答复意见。此外，学生社团的解散和注销也必须符合学校管理规定。

### （四）高职院校对学生社团的建设与管理

随着社会经济的快速发展，学生的主体意识、参与意识、竞争意识不断增强，这促使他们根据自己所学专业、兴趣爱好、资源组织寻找自己的舞台和位置，以求最大限度地锻炼自己。学生的这种内在需求与社会活动的性质、目的、功能是基本吻合的。学生社团作为高校课堂教育的补充和延伸，因其专业的交叉性、活动的实践性、组织的社会性而具有实践和教育功能，这为学生提高自身素质，扩大社会交往范围提供了广阔的平台。学生在参加社团活动时，可以结交朋友，不仅局限于本班本专业，与其他专业其他学院的同学也有联系沟通。

由于学生社团的存在能满足学生的需求，也有利于学生主观能动性的发挥，因此我国高校大都鼓励学生发展学生社团。近年来，学生社团成为大学校园的“第二基层组织”。随着高校教育教学体制的改革和高校在校学生规模的剧增，学生社团在学生管理、教育中所发挥的作用越来越突出和明显。同时，随着社会的发展，学生社团的组织形式和活动方式已发生变化，呈现出由过去的以兴趣型为主向兴趣型和务实型并重转变、由以人文型为主向人文型、科研型和公益型并重转变的趋势。与此同时，学生社团还存在着不少问题。比如，学生社团组织发展不平衡，良莠不齐。由于学生社团组织的成员具有“不稳定”的特点，致使社团在每年的招新成员和负责人换届选举时，都不同程度地出现时断时续甚至停滞的状况，加之对社团及社团成员奖惩机制不健全，社团间没有形成良好的竞争氛围，使得社团发展不平衡。又如，高校对学生社团的地位和作用认识不够，认为学生社团只是课堂教学的补充和学生大学生活的点缀，并没有把学生社团的组织和管理工作纳入学校的战略发展，也没有与高校育人中心工作大局相结合，导致学生社团价值缺失，定位不明确。再加上学生社团是学生的课外活动团体组织，存在很大的流动性和自由度，使社团在比较松散的环境中较难形成一个完善的制度，这就会导致社团缺乏凝聚力。大部分学生认为，在社团里不受任何约束，没有组织纪律性，想来就来，不想来就走，这种惯常的固有认识，使得社团在成员管理上一直存在着问题，即使社团活动丰富多彩，也会面临成员随时流失的现象。针对这些问题，加强学生社团建设十分必要。一般来说，可从以下几方面入手。

1.重视对学生社团指导教师队伍的建设

社团指导教师是社团开展活动的指导者，也是社团活动的主要评价者。学生社团指导教师首先要有奉献精神，甘为人梯；其次要有相应的专业知识和管理能力；最后要有民主意识和合作精神。所以，学校或院系应主动建立一支高素质的社团指导教师队伍供学生选聘，学校或院系也可以积极为社团推荐指导教师，并建立相应的保障制度。在为学生社团配备好高素质指导教师的同时，学校或院系还要经常召开指导教师会议，进行互相交流，并通过指导教师来加强学生社团与管理部门之间的联系，及时了解活动开展情况和在社团活动中急需解决的问题。

2.贯彻文件精神，落实相关举措，完善制度建设

为贯彻落实《关于加强和改进新形势下高校思想政治工作的意见》，高职院校应结合自身的实际情况，制定加强和改进大学生社团建设的各项制度，切实加强对学生社团的领导和管理，积极支持学生社团开展健康有益的活动，不断健全学生社团发展的工作机制等，为学生社团的健康发展和不断壮大提供重要前提。

3.重视学生社团干部队伍的建设

大学生社团干部是学生社团管理的中坚力量，是社团开展创新活动的主要的设计者和组织者，学生社团干部是否具有较高的素质，直接影响到后续社团活动的开展情况，再加上确实存在学生社团干部的素质参差不齐的问题，因此加强学生社团干部队伍建设十分必要，具体可从以下几方面入手：

（1）针对学生社团干部具有流动性强、交替快的特点，把社团干部的梯队建设作为重要工作来抓，认真做好“传、帮、带”工作，加强对社团新干部和后备干部的培训，不仅要使他们在思想上和业务上能胜任社团的管理工作，而且要提升他们的创新能力，使之能适应社团可持续发展的需要。

（2）培养学生社团干部的科学态度、敬业精神和创新精神，培养学生社团干部对学生社团的领导和管理能力，确保学生社团活动的正常有效开展。

（3）完善对社团主要干部的建档工作，对其任职期间的活动进行记载，对工作业绩进行考核，并将主要业绩记入学籍档案。这既是工作的需要，也是对社团主要干部的激励。

4.优化社团发展的外部环境

学生社团为校园文化氛围的创建和素质教育的实施提供了有效的载体，因此学校应对其高度重视，并为之提供有力的保障，如必要的场所、经费、科学的管理与评价体系等。此外，作为学生社团成员的学生，也应认真选择合适和喜爱的社团，以主人翁的姿态为其生存和发展费心出力，添砖加瓦，通过品牌打造，来争取宽松、优化的外部环境。

## 二、学生社团的内部管理原则

学生社团办得怎么样，不仅要看它的外部组织管理是否合理，还要看内部管理是否科学。而科学的内部管理必然需要遵循一定的原则，这些原则主要包括以下几方面。

### （一）自主性原则

学生社团是学生群体按照自己的需求、兴趣等自主创立的组织，在内部管理实行的是自治管理的模式，在管理原则上自然也要遵循自主性原则。这里的自主性原则是指成立什么样的社团需要由学生自主提出申请，社团具体的管理和活动安排需要由社团成员自主决定，学生在社团中的学习和发展也体现“自主”的特点。可以说，自主性原则是学生社团赖以生存和发展的根本，也是培养学生个性的重要条件。

大学生社团在内部管理上应遵循自主性原则，做好下面的工作：

（1）结合青年学生的特点，关注他们成长和发展的需求，在科学合理的指导下充分遵循民主开放性原则，树立社团成员“主人翁”的意识，真正实现“我的青春我做主、我的社团我来做”的目标。

（2）树立“多元化”的思想，社团的管理者，一方面要理解与接受不同于自己社团的其他社团，融洽与兄弟社团的关系；另一方面要能理解和接受本社团不同个性的成员，大家和谐共处，扬长避短，进而充分调动每个成员的积极性。

（3）发挥社团成员自我管理、自我服务、自我教育、自我约束的功能，在社团的管理中，要克服官僚腐败作风，营造和谐的民主氛围，鼓励全体社团成员参与到社团的管理中。

（4）广泛听取各方面关于社团建设和发展的意见和建议，并且鼓励社团成员关于社团建设要善于思考、勇于创新，从而进一步推进社团的管理和建设。

### （二）科学性原则

学生社团是自发产生的，基于共同的兴趣、目标等结合在一起的群众组织，具有自主性、广泛性、民主性、开放性等特点。不同的高校在社团的类型、数量规模、活动方式、影响力等方面有所不同。这些特殊性都要求学生社团在进行内部管理时必须要遵循科学性的原则。一方面，社团管理人员在工作中要以人为本，充分发挥师生的特长潜力，采取激励、评估、示范等有效机制来促进社团长期健康的发展。另一方面，在社团的队伍管理上也要科学，既要保证学校的教育方针的实行，也要重视学生各种不同需求。需求是动力的源泉，共同的理想与信仰是团结的力量。

### （三）责任制原则

任何管理都必须强调权、责、利的对应，否则难以提高管理的效率。可以说，没有责任制就没有管理，学生社团管理也是如此。社团管理中人事相宜、职责相称、权利与义务统一，工作绩效与工作“报酬”匹配，才能收到良好的管理效果。因此，学生社团在内部管理上也应遵循责任制原则，这要求社团必须做好以下工作：

（1）社团人员应进行合理的分工，做到事事有人管，责任有人负。

（2）分工以后，职责范围必须明确，并要根据社团的特点制定各类人员的工作职责。

（3）对社团管理人员和社团成员的工作绩效与参与活动的情况要认真及时地进行考核，做到赏罚分明。

## 第三节　社团管理机制与实现

学生社团被认为是学生的“第二课堂”，学生希望从中学到在第一课堂上学不到的东西，这是他们参加社团的最重要的动因。但据调查，有近四成的学生对自己所参加的社团并不满意。这一问题与社团的管理者有着相当大的关系。学生社团的管理者通常来自团组织的专职干部。一方面，他们本身的团务工作繁重，在社团管理上分身乏术；另一方面，各社团的情况千差万别，成员间的专业背景也是复杂多样，而团干型管理者的知识结构、管理经验等客观限制因素又使他们心有余而力不足——很难有针对性地对各个社团做出专业性的指导。其结果是造成管理上的偏差，进而会直接影响社团的发展。针对这些问题，建立科学的学生社团管理机制十分必要。

## 一、学生社团管理机制的基本概念

要想了解学生社团的管理机制，首先要明白管理机制是什么。机制原本是指机器的构造及其工作原理。机器构造合不合理、工作原理清不清楚，会直接影响机器的操作运转。组织就像一部需要运行的机器，当然就必须有组织管理系统的结构及其运行机制。管理机制是指管理系统的结构及其运行机理，其本质是管理系统的内在联系、功能及运行原理。管理机制是决定组织管理功效的核心问题。比如，管理者在管理中存在何种管理关系、采取何种管理行动、达到的管理效果如何，归根结底是由管理机制决定的。

学生社团的管理机制实际上就是学生社团管理系统的内在联系、功能及运行原理，是决定管理功效的核心问题。它一般包括学生社团的基本职能、活动方式、系统功能和运行原理，也包括社团管理系统动力的产生与运作的机理，还包括社团管理系统行为进行限定与修正的功能与机理。换句话说，学生社团的管理机制主要由学生社团的组织系统、管理体系、激励与约束机制三部分构成。

## 二、构建科学合理的大学生社团管理机制

考虑到学生社团的管理机制主要由学生社团的组织系统、管理体系、激励与约束机制三部分构成，我们对学生社团管理机制的构建也主要从这三方面进行论述。

### （一）构建科学合理的社团组织系统

一般来说，学生社团组织可以根据社团的类型和规模大小来确定，规模小的社团可设置两个管理层次——领导层（归属于社团办公室或秘书处的会长、副会长等）和管理层（实施分类管理的各部、处等）；规模较大的社团则可设置三个管理层次——领导层（归属于办公室或秘书处的会长、副会长等）、中位管理层（实施分类管理的各部、处等）和下位管理层（隶属于各部、处的工作小组等），或者下设分会并在分会中设二级管理层。

由于学生社团在提高学生素养上的确具有十分重要的影响，因此各大高校均十分重视学生社团。随着高校学生人数的不断增加、业务的不断扩展以及社团组

织的蓬勃发展，传统的社团组织系统在管理上出现了一些问题，已经不再适合新形势下学生社团发展的要求，因此必须构建科学合理的社团组织系统。

1.优化社团结构

目前，许多高校存在社团功能重复、资源浪费的情况，阻碍了社团的健康发展，必须进行有效整合，如完善社团成立审批制度、建立新社团试运行制度和不良社团注销制度、加强日常工作的监管等以提高资源利用效率、提升学生社团层次。

2.加强管理团队和指导团队的建设

学生社团的地位决定了共青团必须设立专门的机构或团队对其进行管理，它的职责除了加强学生社团日常管理外，还应该针对学生社团的性质和发展状况做好分类，并制定相应的管理策略和管理方式，同时还要为学生社团的发展做好争取外部支持、塑造良好环境、制定发展规划和相关科研工作。

3.完善校学联会的组织系统

当前各高校都已建立了学生社团联合会，它既是学生社团实现自我管理的平台，也是共青团联系社团、管理社团的有力途径。学生社团联合会最主要的职责和任务是主持社团变更、指导社团计划、组织社团活动、协调社团关系、监督社团运行、维护社团权益、实施奖罚措施等，它的机构设置也必须像学生社团一样，根据工作任务来设立，并且不宜太多，以避免令出多门增加学生社团的行政负担。

### （二）构建科学合理的社团管理体系

管理体系是建立方针和目标并实现这些目标的相互关联或相互作用的一组要素。在我国，虽然各高校学生社团发展比较晚，但各高校在学生社团的管理过程中也逐步积累了丰富的学生社团管理经验，并形成了各自的学生社团管理办法，只是相关的配套管理体系还不完善。因此，构建科学合理的社团管理体系十分必要，具体可从以下几方面入手。

1.建立良好的工作监管体系

学生社团“自主管理”的性质使社团及其负责人具有较大的权利，但很多社团负责人并不能合理地运用这些权利，经常欺上瞒下，造成了很多恶劣影响，因此需要建立良好的工作监督体系。比如，在每学期末，组织监管人和社团负责人进行互相评定，提交书面报告，保证监管实效和科学务实。又如，建立完善包含财务管理、活动经费审核、收支申报等在内的财务监管制度，避免出现社团负责人“一支笔”现象。

2.建立完善的社团成员权益保障体系

很多学生社团存在“一言堂”现象和家长制作风，负责人不重视成员意见，不尊重成员需求，不搞活动或搞一些华而不实的活动，造成“社团就是骗钱的”这一恶劣印象。因此，应建立完善的社团成员权益保障体系。例如，制定社团会员权益保障制度，建立维权小组，切实保障社团成员的合法权益。又如，明确社团成员的权益，保障社团成员在社团中的选举权与被选举权、知情权等。

3.建立科学的社团文化体系

学生社团发挥作用的一个重要体现就是能产生良好的文化教育功能，即能在社团活动中创造一种精神财富、文化心理氛围以及承载这些精神财富、文化心理氛围的活动形式和物质形态，学生社团管理体系建设应进一步发挥这一功能，突出学生社团的文化教育功能，建设社团文化体系。这要求社团管理人员一方面要对社团成员进行文化培育的制度培训和浸润，使成员熟悉社团制度，让文化建设成为一种自觉机制和习惯，这一体系在很大程度上决定了组织成员的行为方式，它代表了组织成员所持有的共同理念。另一方面要鼓励社团成员参与社团的管理和建设，要在社团内部发扬民主，深入了解社团成员的需求，构建一个社团成员共有的价值和信念体系，作为学生社团，要以此为根本，构建团结和谐的社团文化，树立起合作共生的新理念，以此来指导社团的整合实践。

### （三）构建科学合理的社团激励与约束机制

学生社团的健康发展离不开科学合理的激励与约束机制。在学生社团管理工作中，被管理者包含社团和社团成员两个对象，这也是激励客体。他们所希望的回报可分为物质利益和精神利益，对学生社团来说一般是经费、物品、声誉，社团成员一般更注重精神利益，当这些回报得以实现时，就会促进社团的发展。但是光有激励机制并不利于社团的发展，一般情况下，获得奖励的社团只是少数，多数社团特别是实力不足的社团难以获奖，当付出同样的努力而没有获奖时他们的积极性就很有可能被抑制，因此还需要一定的约束机制。约束机制是指为规范组织成员行为，便于组织有序运转，充分发挥其作用而制定、执行的具有规范性要求、标准的规章制度和手段的总称。相对于学生社团管理工作，这里的组织成员也应该包含社团和社团成员两个对象，约束指的是关于社团管理的内外部规章制度以及各种形式的监督等，约束的目的是加强规范化建设，在激励机制引领队伍前进的同时，约束机制维护着队伍的秩序。

在这里需要注意的是，对社团的激励与约束机制的设计要建立在能够正确评价学生社团的基础上。这就要求学校要对社团活动及社团负责人进行常规的及不定期的绩效评估，以此来作为评判一个社团工作成效的依据，并可在此基础上对社团及社团负责人进行适当的奖惩，最终实现有效的激励和管理。此外，也应建立学生社团划分类型的指标考核体系，根据相同类别的社团参照同一标准考核，在内部组织建设、队伍建设、社团活动等考核内容方面要制定完善的、科学的、有效的考评制度，进而评选出管理有方、有创新性的、受社团会员喜爱的优秀学生社团，并且数据指标应由社团联合会和社团共同商议决定。

## 三、学生社团管理机制的实现

学生社团管理机制的实现需要一个过程，只有科学地安排每一个阶段的工作，才能够有助于学生社团管理机制的实现。为此，我们必须做好下列工作。

### （一）科学规划

学生社团管理机制的实现离不开科学的规划，社团管理人员要根据社团的特点和目标制订三年至五年的发展规划。为了社团的发展，社团负责人要有一定的“长远”目光，应根据本社团和学校的特点构思社团未来的发展，科学合理地为社团定位和明确社团未来的目标，作出不局限于自己任期内（一般1~2年）的发展规划，这样才更有利于社团的发展。由于社团负责人和成员变化大、更换的周期快，也不宜制订时间过长的发展规划，一般以三年至五年为宜，这样的发展目标便于达成。此外，社团还必须制订年度活动计划。在新学年伊始就应将年度活动计划告诉每位成员，并上报社团主管部门，一方面便于上级主管部门的指导与监督；另一方面更是让社团成员提前了解社团一年中的活动内容，让成员做到心中有数，以便于其安排自己的时间和为参与活动早作准备。

一般而言，每两周就应有一次社团活动，如果活动安排太少，时隔太久，就不利于社团凝聚力的形成和群体积极性的调动。在年度活动计划中，每次活动都应有明确的主题、大致的时间和具体的项目负责人。最后由项目负责人具体负责活动方案的设计与实施。

制订社团发展规划必须注意以下事项：

（1）进行学生社团的规划必须考虑学校的实际情况，包括学校管理政策、学校工作计划等，应围绕学校中心任务，进行宏观的社团工作指导。

（2）进行学生社团的规划必须考虑社团资源整合配置等实际情况，为此社团每学期都要依据学校社团工作相关要求，组织骨干成员商定整体规划，规划要向社团全体成员公布，并共同进行完善。

（3）社团规划应在广泛征求会员意见的基础上，民主协商和决定，这本身也是培养团队精神和激发成员积极性的有效举措，同时，也应征求社团指导教师的意见，社团指导教师应在社团发展规划和年度活动计划上签字。

### （二）落实规划

学生社团的相关规划在制订后，只有落实到实践中，才能发挥作用，进而实现其意义。因此，落实规划就成了学生社团管理机制实现的一大条件。一般来说，学生社团整体规划会制定总体目标和分级目标体系，社团管理人员要根据现代化管理的基本原则将其予以具体化落实，具体要做好下列工作：

（1）要明确每个活动项目的负责人，做到事事有人做，人人有事做，职责明确。

（2）要与执行者之间建立良好的工作和个人关系，这样才能使计划执行者更充分地发挥主观能动性。

（3）积极探讨切合社团特点、适合社团发展的管理模式，并对各项管理工作包括社团会员等进行规范化培训，建立社团管理规范化执行工作的流程，使各项工作执行有规可依。

（4）社团骨干换届规范化，严格执行民主基础上的集中制，做到公开、公正、透明选举换届。

### （三）过程监督

在学生社团的管理工作中，做好相关的监督工作也是保证学生社团管理机制实现的一个重要条件。根据学生社团管理工作的具体情况，我们将社团管理工作的监督分为对社团、社团活动的事后被动监督向事前、事中全过程主动管理延伸，发现问题及时协商、及时处理、及时补救，推动过程化管理步入制度化、程序化、规范化运作的轨道。具体可从以下几方面入手：

（1）联系社团工作完成情况建立会员代表联席会议制度、例会制度、社团联系人或特派员制度、社团基本管理制度，对容易发生问题的财务管理、换届选举等环节配套制定相应的事前制度保障机制。

（2）针对社团管理工作中存在的运行不透明、换届不公开等问题，制定《社团议事暂行办法》等完善事中工作运行机制，确定固定日期为会员民主生活日，接受会员现场质询，听取会员的意见和建议，并现场研究处理方案。

（3）根据社团工作实际成立督查小组，对社团、社团负责人、社团成员进行日常化监督和谈话监督，以构建一套综合的激励、考评和淘汰机制，强化社团管理工作的事后考核奖惩。

## 第四节　社团活动的设计与实施

学生社团组织是由志趣相投、爱好一致的学生自发组成的学生群体，在高职院校学生的生活、工作与学习中具有较强的影响力和广泛的群众基础。学生社团活动种类繁多，丰富了学生的第二课堂、增长了学生的知识，在对学生的能力培养方面发挥了越来越重要的作用。正是因为社团活动具有重要的意义，因此在社团活动的设计与实施中，组织与管理人员更应落实服务至上的理念，通过管理服务到位，来构建科学的社团活动，推动学生的健康成长。

## 一、学生社团活动的设计

社团活动的设计与策划最能体现社团的特点和社团管理者的个性，也最能体现社团领导与成员的创造性，所以，关键是如何“策划”。“策划”就是研究、交流和创意，是集体智慧聚合的过程。要开展好社团活动，首先是进行活动“策划”，编制活动策划书。尽管社团活动的设计与策划没有固定的程式，但社团活动的策划书要有一定的规范，一般包括策划书名称、活动目的与意义、活动前期准备、活动时间与地点、活动开展的形式、活动内容、活动过程安排、活动经费预算和活动安全等内容。

学生在开展社团活动策划时，需要注意以下问题。

### （一）确定主题

只有确定了活动主题，活动组织者才能围绕主题设计活动，否则就有可能是瞎设计，这不仅达不到锻炼学生的作用，还有可能出现一些不合理的因素。因此活动设计必须首先明确活动主题，在主题的选择上，应基于社团的发展规划方向，侧重选择社团成员感兴趣的内容，以社团成员的关注和爱好点为导向，否则活动就会缺乏吸引力。此外，活动的主题还应能够体现大学生社团的特色，要明确地知道这个活动在什么地方、用什么样的方式可以表现出它独特的魅力，以方便下一步工作的开展。

### （二）明确活动的目的和意义

社团活动的开展必然是有一定目的的，即活动有助于提升学生哪方面的素养，从哪方面践行了社团的理念等，这些都是在活动设计的过程中必须考虑的问题。只有明确了活动的目的和意义，才能据此来对后续活动形式和内容进行安排。一般来说，一个良好的社团活动，应该充分考虑其对学生的思想政治教育功能、能力培养及提升功能以及社团影响力提升功能等方面。

### （三）选择合理的活动形式

在确定了主题，明确了活动目的和意义后，就需要选择活动形式。我们知道大学生社团的活动形式多种多样，活动设计者应该根据活动目的及主题进行选择。一般来说，学习型社团可以开展科技创新实践大赛、校企合作参观学习、专业知识讲座、学术交流会等，兴趣爱好类社团则可以举行各类爱好者交流、技能竞赛、能力展示等活动。

### （四）安排活动流程

活动流程安排是活动设计必须重视的方面，活动设计者必须周密地考虑活动从筹备到开展，再到完成后评价的整个环节，考虑其中是否有可能存在不安全因素，若出现突发事件应该如何处理等，以便有所准备。同时，在安排活动流程的过程中，活动设计者还应科学分配活动资源，确保活动各个部门的有序衔接和良好合作，为活动开展奠定良好的人力资源和物质资源基础。

## 二、大学生社团活动的实施

学生社团活动是高校校园文化和隐性课程的重要组成部分，是高职院校人才培养的有效手段，也是实现学生人文教育目的的不可或缺的途径，我们必须积极探索大学生社团建设和管理的有效方法，构建新的模式，从而充分发挥其功能。

一般来说，学生社团开展活动需要符合以下程序。

### （一）提交活动策划书

通常在校园内开展各类社团活动都需要经过审批，在审批时须提供活动策划书。策划书的内容应包括：活动名称，活动背景，活动目的、意义和目标，活动的组织单位，活动的资源需要，活动开展的前期准备和活动步骤，活动的经费预算，在活动中应注意的问题及细节。

### （二）填写活动审批表

学生社团举办活动一般需要填写活动审批表。活动审批表的内容包括活动申请人的姓名及联系电话、活动时间、活动地点、活动主题、活动内容、活动的组织者、活动安全负责人、指导老师签字、团委部门签字、保卫部门签字等。在填写活动审批表时，将活动策划书的内容填入其中，并请指导老师签署意见。

### （三）审批

审批时主要是针对活动审批表的相关要素和策划书的具体内容进行符合性测试，看其是否符合学生活动的相关政策。

### （四）开展活动

经过审批的社团活动须按审批的时间、地点、内容等按期保质保量地完成。

### （五）提交活动总结及材料

在学生社团活动做完后，社团负责人要及时进行总结并提供相关活动材料。对社团活动而言，要不断总结、反思，做到既有一定的模式，也有突破的创新，而非一直在一个套路中打转。

此外，高职院校在管理学生社团活动时需要注意以下几点：

（1）学生社团活动要符合我国宪法、法律和校纪校规的规定，不得影响正常的学校教学秩序，工作秩序和生活秩序。

（2）学生社团要认真按照确定的宗旨开展活动，不得从事与本社团宗旨无关的活动。

（3）学校还需对学生社团进行年度审核。学生社团一般须于每学年度第一学期的前三周内向校学社联申请学年审核，审核通过的学生社团方可在学年度内开展活动。

（4）学生社团邀请有关专家、学者和知名人士到学校进行有关内容的演讲、座谈和社会政治活动，均须经学校同意。

（5）学生在校的主要任务是学习，因此，不提倡学生创办面向校外的报刊。如果创办面向校外的报刊，必须按照有关规定报政府有关部门批准，并接受指导和管理。

# 第三章　新时代高职院校学习管理与辅导的创新研究

## 第一节　高职生学习概况

### 一、学习的概念

学习是一种十分复杂而又普遍的心理现象。广义的学习包括人和动物后天获得经验的过程，而狭义的学习只是指学生的学习，即学生是在教师的指导下有目的地学习的过程。从广义的角度来说，学习是一种行为，但不是本能的行为，而是一种后天习得性行为，是由经验或实践引起的。学习所引起的行为或行为潜能的变化是相对持久的。有些技能，如游泳、滑冰、骑车等，学会了之后几乎终生不忘。知识观念的学习虽然有时也会发生遗忘或被新的学习内容干扰，但相对于那些因药物或疲劳等所引起的暂时性行为变化来说，它们保持的时间还是比较持久的。

学习是关系到生存的重大问题，不论是动物还是人类要想改变自己的行为都要进行学习。因此，学习无论是对于人还是动物来说都非常重要。如果失去学习的能力，也就标志着将失去生存的能力。但人类的学习与动物的学习是有本质区别的，这主要表现在以下几方面：

首先，人类的学习离不开对几千年来人类社会历史所积累的知识经验的继承。

其次，人类的学习是有目的的，是主动积极的。

最后，人类的学习既包括间接经验的获得，也包括个体在实践中获得直接经验。

人的一生都在学习，通过学习不仅保持了有机体与环境的动态平衡，而且使人产生了改造客观世界的力量。

## 二、学习的影响因素

学习的影响因素包括智力因素和非智力因素两个方面。

### （一）智力因素

一个学生学习的好坏首先和他的智力品质有关，智力因素是大学生学习的基础。智力因素发展的水平高，知识才能学得深、学得透、学得活、学得牢。

人的智力发展趋势不是单调递增的：婴儿从出生到5岁智力发展得最快；5~10岁智力发展速度不如5岁之前，但仍有很大的增长；10~13岁智力发展速度减慢；14~16岁以后智力发展渐趋成熟；18~19岁，智力已达成熟期（达到成人水平）；20~34岁是智力发展的高峰；35岁以后，智力发展缓慢下降。大学生正值智力发展的高峰期，因此大学生要借助大学良好的学习条件，充分发展自己的智力，从而提高自身学习的效率。

### （二）非智力因素

为了提高学生的学习效率和质量，不但要充分发挥学生的潜能，调动和组织学生的智力因素，而且要充分激发学生学习的动机和非智力因素，激励学生学习，将学习变为他们自己的需要和愿望。

非智力因素不直接参与信息的处理过程，但对学习活动具有重要的制约作用。良好的非智力因素对智力因素功能的发挥有促进、激发作用，而不良的非智力因素则对智力因素功能的发挥有抑制作用。大学生要想成为具有创造精神的突出人才，就要努力培养自己良好的非智力因素。

## 三、大学生的学习特点

高职生的学习具有显著的特点，概括来说主要包括以下几方面。

### （一）自主性

进入成人期后，大学生的自我意识开始成熟并日趋稳定，主要表现为在学习上有着更强的独立性与自主性。这主要表现在以下几方面：

（1）与中学生相比，高职生的学习方式会发生明显的变化。中学阶段，学生的学习主要是在教师的直接组织和指导下进行的，大部分的学习过程由老师安排，学生只需要去执行。而在高职阶段，学生不仅要单纯地接受教师在课堂上所教授的内容，还要根据自己的专业和实际需要，自学一些其他方面的知识，与中学阶段相比，自学所占的比重较大。

（2）与中学生相比，高职生拥有更为丰富的学习资源。除了教师的课堂教学外，图书馆、阅览室、校园学术讲座、学生活动、社会实践、师生交流、同学交流等都可以成为大学生的学习资源。

(3) 与中学生相比，高职生拥有更多可自由支配的时间。高职生的课程安排并不像中学生那样每天都排得满满的，在上课之外，高职生每天有将近一半的时间供自己自由支配，可以对每天的学习作出更加个性化的安排。

(4) 与中学生相比，高职生有了更多独立思考的意识。面对学习的内容，他们不再是不假思索地全盘接受，而是开始以敢于质疑的态度来对待学习、对待书本、对待老师，也开始在更多的问题上通过独立思考来拥有自己的观点。

### （二）专业性

专业性是指高职生的学习有其一定的专业指向性和职业定向性的特点。高职生学习与中学生学习的另一个明显的区别是，中学生处于基础教育阶段，他们更多学习的是多科性的基础知识，在同一年级，中学生所学习的课程内容是基本相同的。而高职是专业教育阶段，高职生在入校时会划分一定的专业，在某一专门领域进行有针对性的学习，掌握这一领域的专业知识、专业能力和专业道德，为自己在毕业后在相关专业领域从事工作做准备。这种专业性是随着社会对本专业要求的不断变化而变化的，为适应当代科技发展的既高度分化又高度综合的特点，通常只能是一个大致的方向，而更具体、更细致的专业目标是在研究生学习期间甚至在将来走向社会后，才能最终被确定下来。基于高职学习的专业性，高职生应深入地了解自己的专业，包括专业的培养目标、就业面向、课程设置、毕业条件等，努力发掘所学专业的魅力，培养自己对本专业的热爱，形成对专业学科知识的浓厚兴趣。在此基础上，要认真学习自己的专业知识，锻炼专业技能。

需要注意的是，高职学习的专业化并不是狭隘化，高职生在认真学习专业知识的同时，要清晰地认识到仅仅把眼光盯在专业领域内的人是很难学好专业的。因为在当今时期，学科的发展呈现出了明显的融合趋势，各个学科之间出现了更多的交流和联系，有时一个学科的专业知识是以另一个学科为基础的。同时，很多工作也体现出多学科的相互合作的特征，要成功完成某项工作，仅仅有单一某个专业的知识是不够的，还需要其他相关专业的配合。因此，专业学习是高职生学习的主体方向，但不是学习的全部。当今社会对人才的要求是全面发展，除了专业素质外，还要求学生具有一定的人文素质、科学素质、良好的思想道德素质和心理素质，这些素质需要我们在相关领域的学习中去积累。

### （三）多样性

学习的多样性是指学生可以通过多种渠道、多种形式进行学习。除上课时间之外，高职生有较多时间可以自由支配，可以在学校为其提供的各种条件下进行广泛的学习。灵活多样的学习方式为高职生从不同层次、不同角度学习知识提供了宽广的平台，也为高职生在学习活动中发展自己多方面的兴趣、培养多方面的能力提供了条件。例如：学生可以通过选修课来学习自己感兴趣的知识；通过参加学生活动来锻炼自己多方面的能力；通过参加演讲赛来锻炼自己的语言表达能力；通过参加心理协会学习一些心理健康方面的知识；等等。学科交叉、文理渗透已经成了时代发展的必然趋势。精通专业又知识广博的人，才是时代最需要的人才。

### （四）探究性和创造性

高职阶段是个体智力发展的高峰期，智力上的成熟使高职生具备了深入思考的基础。高职学习具有研究和创造的性质。这主要表现在以下两方面。

（1）高职生的一些学习环节本身就是一种探索和创新。例如，对某一学科的学习已不再是单纯对知识点的背诵，更重要的是要掌握这门学科的研究方法，了解学科存在的问题，对某些领域能形成自己的思考和见解。又如，高职期间，专业论文写作是专业课程的一种重要考查方式，它需要学生认真确定课题和研究思路，通过调研和思考，分析和解决自己研究的问题，并提出自己对该课题的观点。

（2）一些课外学生活动也体现了探究和创造的特点，如航模协会的学生设计出更加精巧、仿真度更高的模型，环保协会的学生通过专业知识来测量附近水域的污染情况等。

## 四、高职生的学习态度

学习态度是指学生对于学习的看法和情感以及决定自己行动倾向的心理状态。

### （一）学习态度的类型

根据不同的标准，可以将学习态度分为不同的类型（见表3-1）。

表3-1　学习态度的类型

| 不同的分类标准 | 类型 | 内容 |
|---|---|---|
| 根据对学习的认识程度进行分类 | 重视型 | 学生能较深刻地把握学习的重要性，有较远大的志向和抱负，学习认真、刻苦、有毅力 |
| | 轻视型 | 学生兴趣不高，学习目的盲目，学习态度懈怠，易受外界干扰 |
| 根据对学习的情感体验进行分类 | 积极型 | 学生对学习充满兴趣和热情，具有适当的激情和良好的心境，对学习有积极的、肯定的情感体验 |
| | 消极型 | 学生对学习缺乏兴趣和热情，甚至感到厌倦和烦躁，产生消极的情感体验 |
| 根据对学习的行为倾向进行分类 | 主动型 | 学生总是主动地去汲取知识，思考问题，刻苦钻研，解决各种疑难问题 |
| | 被动型 | 学生往往被动地接受知识，满足于一般的理解水平，浅尝辄止，遇到困难就容易打“退堂鼓” |

### （二）学习态度的组成要素

学习态度的组成要素主要包括以下几方面（见表3-2）。

表3-2 学习态度的组成要素

| 组成要素 | 内容 |
| --- | --- |
| 认识因素 | 是指在学习过程中，学生对于学习目的、意义的看法 |
| 情感因素 | 是指学生在学习活动中的情绪状态和情感体验 |
| 行为因素 | 是指学生的学习行为倾向性的心理因素，即打算如何学习，如何达到学习的目的 |

### （三）大学生学习态度的文化特点

心理学研究表明，态度一旦形成，就会有一定的稳定性，但它并非一成不变。随着态度形成的社会因素和个人因素的变化，态度也将随之有所改变。具体来说，高职生学习态度的发展特点主要包括以下两方面：

（1）学习态度趋于稳定。

（2）学习的主动性逐渐增强。

## 五、高职生的学习动机

学习动机是学习者将学习愿望转变为学习行为的心理动因，是发动和维持学习活动的内在力量。

### （一）学习动机的类型

根据不同的标准，可以将学习动机分为不同的类型（见表3-3）。

表3-3 学习动机的类型

| 分类标准 | 类型 | 内容 |
| --- | --- | --- |
| 根据学习动机产生的条件进行分类 | 内部动机 | 学习的内部动机来源于学习者自身动力的驱使，学习的内部动机的作用较为持久，而且能够使学习者处于一种积极主动的学习活动状态中 |
|  | 外部动机 | 学习的外部动机的作用往往较为短暂，因此，如果学习者完全是被这种学习动机所推动的，那么学习活动也往往处于一种被动状态中 |
| 根据学习动机在学习活动中所起的作用不同进行分类 | 主导性学习动机 | 在学习者的学习动机中必然有一种动机最为强烈、稳定，它制约着其他成分，决定着学习者的基本方向，被称为主导性学习动机 |
|  | 辅助性学习动机 | 其他不占主动地位的学习动机被称为辅助性学习动机 |

续表

| 分类标准 | 类型 | 内容 |
|---|---|---|
| 根据学习动机内容指向的时间不同进行分类 | 近景性学习动机 | 近景性学习动机是指向近期的，与学习者的学习活动和个人目标直接联系的动机 |
| | 远景性学习动机 | 远景性学习动机是与学习结果、社会意义相联系的动机，是社会的要求在学习者身上的反映 |

### （二）高职生学习动机的特点

大学生的学习动机具有显著的特点，概括来说主要包括以下几方面：

（1）高职生受商品经济文化的影响，对个人利益的追求在学习动机中处于重要地位。

（2）男高职生更重视对个人利益和社会利益的追求，较少害怕失败；而女高职生更多的是避免失败，较少追求成功。

（3）在高职生的学习动机中，内部动机尤其是发展成才的需要始终占据着首要地位，它对高职生的学习起到持久的推动作用。

（4）不同学校的高职生的学习动机也有所不同。比如，学业任务相对较重的工科和医科院校的高职生求职进取心不是很重，他们更害怕失败；而军事院校的大学生侧重社会取向和个人成就，对物质追求则不是很迫切。

### （三）高职生学习动机的激发

激发高职生的学习动机可以从以下几方面作出努力。

1.确立正确的优势动机

优势动机在学习活动中居于支配地位。只有首先确立正确的优势动机，才能把握一个人学习动机的实质和发展方向。

2.激发认知性动机和成就动机

认知性动机是指在外界输入的信息与学习者已有的认知结构期望产生不一致时，为了消除这种不一致而产生的行为动机。从认知心理学的观点来看，人是一个主动的信息加工系统，具有强烈的好奇心，从外界环境不断探索和收集信息，并试图将这些信息纳入自己的认知结构。因此，我们可以利用这一特点，通过获取适量的信息，来唤起学生对学习的兴趣。

成就动机是指激励着个体努力克服障碍、施展才能，为自己认为重要的或有价值的工作而乐意去力求获得成功的一种内在驱动力。成就动机由两种不同因素或相反倾向组成：一种称为力求成功的动机，另一种是避免失败的动机。我们可以发展自己的成就动机，以此激发学习的动力。

3.适度调节学习动机强度

学习动机的强度有一个最佳水平，此时的学习效率最高；一旦超过了顶峰状态，动机程度过强时就会对活动的结果产生一定的阻碍作用。因为动机水平过强，会造成人们内心过度焦虑和紧张，以致于会干扰正常的学习记忆和思维活动。因此，高职生一定要注意适度调节自己学习动机的强度。

4.培养积极的学习情感

情感是态度的核心，因而把握学习态度，较为关键的是把握学习活动中的情感因素。培养积极的学习情感，需要做到以下几方面：

（1）在学习活动中，高职生必须明确学习目的，培养合理正当的需要，以利于激发积极的学习情感。

（2）要学会用理智来支配情感，要做情感的主人，克服消极的情感，防止它们对学习活动产生不利影响。

（3）在学习过程中，我们既要保持和激发良好的情绪状态，又要通过学习活动来形成和发展自己的情操，以更加理智、主动的态度投入学习。

## 第二节　学习的内容与方法

### 一、学务指导

学务指导是学习指导与管理的重要措施之一。学务指导对指导者的业务素质要求更高，强调对学生的个别指导和针对性指导，强调学生本人的参与。学务指导工作具有其特殊性，这主要体现在以下几方面。

**（一）学务指导的工作任务具有很强的针对性**

学务指导是一项针对性很强的实践工作，整体而言，它随着学生所处的不同学习阶段有着不同的工作任务。

在一、二年级，指导教师要做到以下几方面：

（1）为学生介绍高职院校学习与生活的特点，使学生能够迅速适应高职的学习与生活。

（2）帮助学生了解学校各种可以利用的教学资源，引导学生充分利用这些教学资源积极、主动地学习。

（3）为学生介绍学科和专业的教学内容、研究方向和发展前沿，使学生能够尽早了解相关专业的内容与发展方向。

（4）在充分了解人才培养方案及教学计划的前提下，尊重学生的兴趣和志向，对学生辅修第二专业给予建议和指导。

（5）在可能的情况下，安排学生参加一些学术活动。

到了高年级，指导教师要做到以下几方面：

（1）尽可能地安排学生参加教学或科研课题研究，使学生在实践中接受系统的技能训练和对科学素养的培养。

（2）尽可能地让学生参加学术和科技咨询活动，鼓励和引导他们扩大视野，活跃创新思维。

（3）在学生选择职业等问题上给予他们指导与建议。

### （二）学务指导的工作方式在不同层次存在差异

学务指导可以在学校和学院两个层面开展工作，每个层面的工作方式都有一定的差异性。

1.学校层面的学务指导

学校层面的学务指导应从以下两方面着手：

（1）成立学习咨询中心，聘请有教学经验、熟悉教育学和心理学的专职人员或部分兼职人员，面向全校学生提供咨询服务。

（2）开设学习指导等专门课程，作为公共选修课供学生选修，并且不定期地开设与学习指导有关的专题讲座。

2.学院层面的学务指导

在学院层面，可以成立学院学务指导工作领导小组，由分管教学的副院长、分管学生工作的副书记、各系主任以及有关教师组成。从事学务指导工作的专任教师每月至少要有一次在商定的时间和地点与学生交流。交流的时间和地点在每学期初由教师上报学院后，由学院统一公布并方便学生上网查询，同时可以通过电话和电子邮件随时对学生进行指导。学院要在新生入学时向本院学生提供关于专业设置、分专业培养方案和课程修读要求、学分要求、本院有关学生培养方面的政策和措施、毕业生就业去向和职业规划及其他有利于学生发展的指导性文字材料，便于学生提前做好学习规划。

## 二、学习技巧指导

### （一）在学习中保持注意力

注意是心理活动对一定对象的指向和集中，注意力是学生学习的重要能力。学生要想在学习中保持注意力就要做到以下几方面。

1.明确学习活动的目的和任务

拥有明确的目的性是引起人有意注意的重要因素。学生在学习活动中，起主要作用的是有意注意，学生对学习活动的目的和任务了解得越清晰，理解得越透彻，有意注意的自觉性和意志力就越高，完成任务的愿望也就越强烈。因此，学生在学习活动中，拥有明确的学习目的是第一步。

2.有意识地给自己一些外在压力

学生注意力分散的一个重要原因是学习压力不足，在课程学习时，如果既缺乏关注课程的自觉性，又缺少一定的压力影响，则我们很难对该课程保持稳定的注意力。因此，在课程学习时，如果还没有对某门课程产生兴趣，那么就有意识地给自己一些外在压力。

3.采取多样化的学习形式

单调而重复的刺激容易使人疲劳，活动变化的刺激能更好地吸引人的注意力。学生在学习活动中，应有意识地运用多样化的刺激来保持自己注意的稳定性。如在上课听讲时，如果仅仅是听老师讲或看板书，过于单调的刺激会让我们很快就出现注意力转移，而如果能够将看、听、说、写综合起来，即在上课听讲时把听老师讲、看板书、记笔记和积极发言结合起来，就有利于我们不断地通过刺激的转换来保持课堂的新鲜感，从而有效地保持自己注意力的稳定。

### （二）在学习中增强记忆力

在学习中增强记忆力的方法有以下几种。

1.阅读与重现相结合

记忆不是一个机械复述的过程，即不管什么内容，拿来就按照纸面上的汉字去记。遗忘规律告诉我们，遗忘会受到识记材料性质的影响，对于有意义的材料遗忘得就会慢。因此，在记忆过程中，我们应该努力理解识记材料的内容，而不是把它简单地看作一个个汉字的累加。另外，教材翻了好几遍还是记不住的一个很重要的原因就是忽略了重现的过程。阅读是把书本打开并不断强化对材料的印象，重现则是把书本合上，使学习材料的各个知识点在脑海里重新闪现。这样我们可以有效地把握对各个知识点的掌握程度，在下一次阅读时带有明确目的性，重点关注那些还不熟悉的领域。重现的方式很多，既可以是自己有意识地系统回顾知识点，也可以是同学之间相互提问或把自己对知识点的理解相互交流。

2.及时复习

根据德国心理学家艾宾浩斯的研究，遗忘从学习之后很短的一段时间就会开始，其进程是先快后慢，即学习之后最先的一段时间遗忘的速度最快，如果不及时复习，学习材料在学习完后一天之内将遗忘一大半。克服迅速遗忘的有效方法是及时复习，每天所学的内容应在当天就进行复习，而不要等到学期结束后或一本单词书背完后再进行复习。

3.记忆的方式要多样化

在记忆过程中，能够较好地集中注意力，是保证记忆效果的前提。心理学研究表明，富有变化的刺激能够更好地吸引人的注意力。所以，要努力设计多样化的记忆方式，以防止单调乏味的刺激影响记忆效果。

4.学以致用

在学习过程中，有意识地应用所学知识是我们对知识加深印象的最好方法。当我们在生活中应用知识时，知识就会以更加鲜活和更富价值感的方式呈现在我们面前，使我们更有意识地关注和理解它，我们对它的印象也会更加深刻。

### （三）认真读书

读书，是人类获取知识的一种重要手段，读书的基本要求包括以下几方面。

1.要有选择地读书

学海无涯，人生有限。世界上的书浩如烟海，一个人就算终身苦读，所读的书也只能是沧海一粟。选择书籍一靠老师指点，二靠自己筛选。

2.要有目的地读书

不能今天借到一本书就看，明天买到一本书又去读，不要毫无目的地进行阅读，这样对于学习不仅无帮助，反而还会影响学习。

3.处理好精通和泛读的关系

读书时，有些书（包括有些书阐述中心问题的部分）要精读，要真正读懂；而有些书仅泛读，浏览一遍，略知其大意即可。

4.学会做读书笔记

读书时勤于动笔，养成经常记笔记的习惯，既有利于加深理解书中的内容，也有助于训练、提高自己的思维能力和文字表达能力。

## 三、课余学术科技活动指导

学生课余学术科技活动的主要形式有学生论坛、专家讲座、学生优秀科研成果评奖、学生课外科研立项及科技论文报告会等。目前，各高职院校都非常重视开展大学生的学术科技活动，培养学生的创新精神和实践能力，一般来说，课余学术科技活动指导应做到以下几方面：

（1）成立学生科技活动领导小组，负责全校学生课余学术科技活动的规划、领导、组织、协调。

（2）要成立学生科技活动专家指导委员会，负责各类课余学术科技活动的立项、指导和评审工作。

（3）学校应设立“学生科技创新基地”，建立“学生课余科研基金”等，引导和支持学生的课余学术科技活动，锻炼和培养学生的动手能力和创造力。

（4）有关部门和学院应在科技活动领导小组的指导下，共同组织和开展这项工作。

(5) 校团委和各院系学生工作组也应发挥积极作用，组织开展丰富多彩的学生课余学术科技活动。

## 第三节　学习的自我管理

对于学生而言，学习是他们最重要的一个生活内容。然而由于学校环境的改变和高职生自身的各种问题，许多学生在学习上都出现了一些问题。这些问题的出现对学生的心理健康产生危害，因而必须引导学生在学习上进行自我控制和自我管理，以帮助他们更好地学习与生活。

### 一、学习方法不适应的自我管理

#### （一）学习方法不适应的表现

高职生对学习的不适应主要是对学习方法的不适应，这表现在学习的心理条件具备但心理准备不足。

一方面，学生从中学到高职的一个显著变化就是对学习的依赖性减少、自主性增加，从别人告诉他们应该学什么、怎么学到自己做决定，这种学习的转变使得一些高职生很不适应。

另一方面，所有考上高职的学生在过去十几年的学习过程中，差不多有一套适合中学学习和自身特点的学习方法，但由于高职的学习特点和方法与中学相比发生了许多变化，这套方法并不一定适用于高职。

#### （二）学习方法不适应的管理

1.努力培养自学的好习惯

与中学阶段相比，高职院校阶段的学习更多的是需要学生自学。因此，高职生在进入高职院校的那刻起，就要努力去适应高职院校的学习环境，努力培养良好的自学习惯。

2.学会管理时间

高职生在高职院校阶段一定要学会管理好自己的时间，具体应做到以下几方面。

(1) 学会时间分配，提高时间使用效率。

高职生每天都有很多事要做，其中包括很多学习任务需要完成。但是每天面对的这些事情对高职生而言有着不同的重要性，有轻重缓急之分。因此，学会将任务按一定的标准加以排序，再统筹计划分配时间逐一完成，可以帮助高职生更有效地利用时间。

（2）了解和掌握自己的“生物钟”，充分利用最佳的时间来学习。

根据学习者对不同学习时间的偏好，可将学习者分为以下几种类型：

①清晨型。清晨型的学习者在清晨头脑清醒，反应敏捷，记忆和思维效率高。把需要记忆的知识放在清晨记诵，这样往往能够收到好的效果。

②上午型。上午型学习者上午学习效率最高。

③下午型。下午型学习者偏爱下午学习，他们在下午时的学习效率最高。该类型的学习者较少，但确实存在。

高职生一定要了解和掌握自己的“生物钟”，充分利用最佳学习时间，提高自己的学习效率。

## 二、学习动机不当的自我管理

### （一）学习动机不当的表现

学习动机反映学习者的某种需要，决定了学习的进程，是影响学习效率的重要因素之一。但学习动机与学习之间并不是一种正比例关系。心理学研究表明，当动机强度处于中等水平时，学习效率是最高的。动机太弱，不能激发其学习的积极性；动机太强，会导致学习者情绪紧张、过度焦虑，也会影响学习效果。在高职生学习中，学习动机过强和学习动机缺乏这两种现象都存在，学习动机缺乏要更普遍些。

1.学习动机过强

学习动机过强的学生往往有以下表现：

（1）学习动机过强的学生常把分数和名次放在很重要的位置上，这些学生争强好胜，害怕失败，看到别人超过自己就不高兴，忌妒心强。

（2）学习动机过强的学生由于长时间超负荷地学习，压力巨大而导致心理脆弱，情绪上难以松弛，常伴随着学习焦虑和考试焦虑的现象。久而久之，还容易产生头痛、头昏、失眠多梦等许多身心疾病。

（3）学习动机过强的学生对自己要求过严，容易产生自责。这些学生通常不满意自己的现状，总觉得自己应该做得更好，即使成功也并不能给他们带来多少喜悦。

（4）学习动机过强的学生往往把学习看成至高无上的。从不或者极少将时间用到文体活动或娱乐中，他们在学习中不怕苦不怕累，对待学习到了废寝忘食的地步，长时间下去，将会影响一个人正常人格的发展，影响身心健康。

2.学习动机缺乏

学习动机缺乏的原因有以下三个方面。

（1）本人的主观原因。

一个消极对待学习、学习意志薄弱的同学很难有强烈的学习动机；一个对专业不感兴趣并抱负面态度的学生也不会有强烈的学习动机。可见，学习动机会受到学生本人的情绪、态度、兴趣、精力、价值观及健康状态等的影响。

（2）社会价值观。

在社会价值观领域中出现了一些不利于高职学生学习的观念，如拜金主义、知识贬值、分配不公、读书无用等。如果高职学生对这些观念缺乏正确的认识，将影响他们对知识的认识，导致他们的学习动机缺乏。此外，还有很多学生的人生理想缺乏社会责任感，这导致他们学习的标准要求是学业的最低要求，即只要达到学校要求的最低限度，能顺利毕业就行了。

（3）对学校的满意度。

学校是学生学习的最直接环境，高职学生的学习动机会受到学校的校风校貌、校规校纪、师资力量、教学方式等的影响，如果对这些不满意，就不能激起高职学生的学习兴趣，导致他们的学习动机缺乏。

### （二）学习动机不当的管理

1.学习动机过强的管理

（1）不要过于强求自己，要把奋斗的目标确定在自己力所能及的范围内，而且可以根据实际情况合理调整目标。

（2）制定符合自己实际情况的阶段目标，脚踏实地、一步一个脚印地完成。

（3）把关注的焦点放在学习本身上，不要总是想着结果的成败，只有用平和的心态进行学习才会取得事半功倍的效果。

2.学习动机缺乏的管理

（1）强化学习动机。

高职生的学习动机具有以下几个特点：

①多元化。高职生的学习动机分为报答型动机（报答父母、不辜负老师的苦心）、自我实现型动机（为了自己的荣誉、自尊心、求知欲等）、谋求职业型动机（谋得一份合适的工作、获得满意的生活等）和事业成就型动机（国家的命运、民族振兴的使命感、责任感、义务感），而谋求职业型动机和事业成就型动机者占多数，这说明高职生学习动机主流是健康的、积极向上的。

②间接性。高职生的学习动机逐渐由追求分数、赞赏和奖励转向求知、探索、成就和创造，注重对自身能力的培养。

③社会化、职业化。高职生在刚入校时学习的志向带有较大的盲目性，随着对所学专业的学习的深入，他们逐渐培养了学科兴趣，对社会人才市场需求、用

人单位的用人标准的了解日益加深，社会化、职业化的学习动机逐渐巩固。

针对高职生学习动机的特点，应该启发他们对社会需要、社会期望形成正确的认识，这样才能激发学生正确的学习动机。

（2）培养学习的兴趣。

兴趣是学习的重要动力，高职生要想在学习的过程中充分发挥自己的积极性与主动性，必须努力培养自己的学习兴趣。

## 三、考试焦虑的自我管理

### （一）考试焦虑的表现

焦虑是一种复合性情绪状态，包括焦虑反应、过度焦虑和焦虑症三个由轻到重的层次。在神经内分泌功能上，焦虑还可以表现为心情紧张、恐惧、提心吊胆、头晕、心悸、不安、出汗、肢端震颤、尿频尿急等现象。考试焦虑是指因考试压力而引起的一种心理障碍。考试焦虑在大学生中较为普遍。考试焦虑的产生是由内因和外因相互作用的结果。外部因素来自学校、家庭和社会；内部因素与个体的个性、抱负、早年经历、认知水平和心理承受能力等有关。所以，克服考试焦虑，有助于高职生对考试持有正确的态度，提高高职生对学习的积极性和主动性。

### （二）考试焦虑的管理

高职生可以通过以下几点来调节自己的考试焦虑情绪。

1.消除错误观点

许多高职生认为别人在考试中都会轻松应对，只有自己比较紧张。这是一种非常错误的观点，高职生一定要消除这一观点。其实面对大型的有着相当重大影响的考试，参加考试的人都必然会紧张，这是人的正常心态。

2.正确认识紧张和焦虑

紧张和焦虑是人面对重要的、紧迫的事情时出现的一种正常反应，有时并不一定是坏事，适当的紧张和焦虑情绪有助于促进我们积极迎接考试并取得较好的成绩。

3.寻找一些缓解自己紧张情绪的技巧

高职生可以寻找一些小技巧来缓解自己的紧张状态。例如：分散自己的注意力；咀嚼口香糖，把精力放在咀嚼这一动作上；拳头握紧，然后再放松；做深呼吸；等等。

## 第四节　学习能力的培养与开发

进入高职院校后，高职生的学习环境、学习内容、教学方式与中学相比发生了明显的变化，如何培养高职生的学习能力和开发高职生的学习潜能成为了全社会共同关注的问题。下面将对其方法进行简要阐述。

### 一、培养学习兴趣

高职生只有对学习产生浓厚的兴趣，才能自觉地、主动地去学习。因此，高职生要想促进自我学习的发展，必须从各方面培养自己对学习的兴趣。具体来说，大学生培养学习兴趣可从以下两方面入手：

（1）将自己所学的专业与社会生活结合起来。

（2）结合自身的实践情况，制订科学合理的学习计划。

### 二、建立正确的心理认知

目前，社会深刻变革，经济高速发展，学习和生活上的竞争日趋激烈。面对这些状况，要培养学习能力，就必须建立正确的心理认知。对于高职生来说，需要从以下三个方面建立正确的心理认知。

#### （一）对学习的心理认知

高职生对学业认知的心理状态直接关系到其学习的积极性和主动性。当前，部分学生的学习目的是掌握某种专业知识，方便将来就业。还有部分学生通过师长和朋友的建议来选择学校和专业，自身没有明确的目标和职业规划。这种在学习上的认知偏差导致学生缺乏学习热情，在学业上很难取得更高成就。建立正确的学习心理认知，就是要树立远大目标，深入了解社会，将个人理想与社会需要结合起来。

#### （二）对挫折的心理认知

挫折是人们有目的的活动遇到无法克服的障碍时产生的情绪反应。一个人在成长的过程中不可避免地会遇到挫折，对于挫折，有的人自暴自弃，从此一蹶不振，而有的人则将挫折看作自己人生成功的助力，他们积极应对挫折，不断进取，从而取得成功。作为高职生一定要对挫折有一个积极的认知，努力应对在生活中出现的挫折。

#### （三）对人际关系的心理认知

建立良好的人际关系是学生全面发展的重要条件。高职生的交往面更宽，需要处理各种关系。想要建立良好的人际关系就必须懂得人际交往不只是一种沟通应对的技巧，更是一种自己与他人建立关系的一种生活态度。现实中确实有部分学生由于自卑、妒忌等心理而造成人际关系紧张，甚至逃避集体生活。要解决这个问题需要使学生确立正确的人际关系心理认知，使其以豁达的人生观看待社会、理解他人。这是生活的需要，也是高职生成功走向社会的需要。

## 三、制定适当的学习目标

培养良好的学习习惯要从制定适当的学习目标入手。学习目标的制定要符合自身的实际情况，包括个人的志向、兴趣、性格特征等，还要结合未来职业生涯的规划，考虑所学专业和社会需求等要素。具体可以考虑以下几个方面：

（1）自身优势及性格特征。

（2）所学专业与社会需要。

（3）人生理想和个人兴趣。

## 四、科学有效地管理时间

### （一）设置时间模块

模块是一个标准单元。时间模块就是按活动类型将时间进行归类，以便于人们安排活动、达成目标。高职生要有效管理时间，设置时间模块表是提高学习效率的好方法（见表3-4）。

表3-4　时间模块表

| 时间模块 | 具体活动 | 时间段 |
|---|---|---|
| 工作学习时间 | 从事相关工作和学习的具体活动 | 每日8小时及其他碎片化时间 |
| 人际交往时间 | 家庭、学校或是社会与好友相聚、因某事与他人接触的活动 | 工作学习以外的时间 |
| 休闲娱乐时间 | 进行锻炼、阅读、旅游等个人喜好的活动 | 工作学习以外的时间 |
| 生理需求时间 | 饮食、睡眠等出于个人生理需求的活动 | 22点左右至早上6点左右 |
| 静思独处时间 | 个人暂时脱离社会独处、冥想等活动 | 工作学习以外的时间 |

高职生只有善于利用时间模块表，才能合理安排好时间并拥有充沛的精力和高效率的学习生活。

### （二）合理规划时间

管理学家科维将工作按照重要和紧急两个不同的程度进行划分，分为四个

"象限"(见图3-1)。

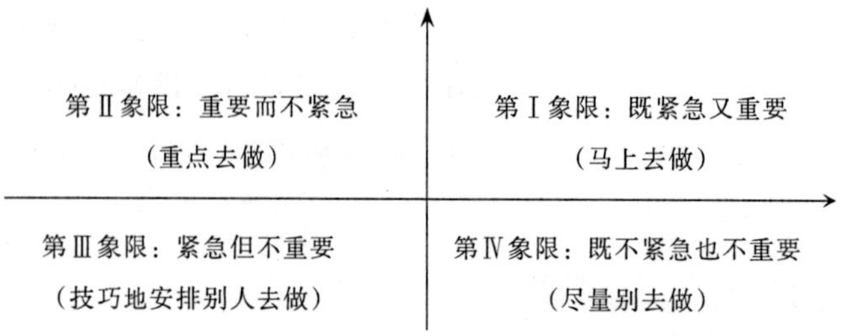


图3－1 时间规划象限图

从图3-1可知，人的精力是有限的，面对众多目标应分出轻重缓急，合理规划时间，优先考虑重要的工作。高职生要想培养自己的学习能力，就必须合理规划自己的时间。

## 五、掌握科学的学习方法

学习方法是高职生学习活动的一个重要构成部分，高职生只有掌握科学的学习方法，才能有效地学习。具体来说，科学的学习方法主要包括以下几种。

### （一）模仿法

模仿法是按照一定的模式去进行学习的方法。这一方法往往为学生所忽视，尤其是在强调创造能力培养的今天更是如此。在许多情况下，常常是先模仿后创造的，模仿法在学习的很多方面都有作用。高职生的学习，在很大程度上都是自觉或不自觉地通过模仿进行的。可以说，模仿是获得基础知识的主要手段。当然，我们不能单纯重复别人的思维模式，还应该培养独立的创造性思维的某些良好习惯，如果能把这些都模仿到手，那将会大大提高自己的学习效率，而且会终身受益。

### （二）发现法

发现法的主要要求在于发挥学习者的主动性，把学习过程作为对信息进行选择、替换和应用的过程。高职生利用发现法学习，一般在教师的指导下进行。其基本步骤是：提出和明确感兴趣的问题，把这些问题分解为若干需要回答的疑问，以教师提出的解决疑问的各种可能的假设或答案，引导自己的思考方向，进而推测出各种答案，收集和组织可供下断语的有关资料，尽可能提供发展的依据，仔细审查这些资料，从而得出应有的结论，用分析思维去证实结论，对假设或答案从理论和实践上进行检验、补充和修正，最后使问题得到解决。

### （三）试误法

试误法为美国心理学家桑代克所首创。他认为，在学习过程中，最初总要经历一些错误的尝试，以后随着不断的反复，错误的动作将逐渐减少，成功的动作将逐渐增多，最后获得完全成功。利用这一方法学习，一方面要开动脑筋，积极思维，展开想象，大胆假设，认真验证；另一方面，也要虚心求教，严肃认真，从而尽可能地缩短试误过程，以收到事半功倍的效果。

### （四）SQ3R 学习法

SQ3R的全称是“Survey、Question、Read、Recite、Review”，即浏览，提问、阅读、背诵、复习。这是目前在美国大专院校盛行的并且行之有效的学习方法，是帮助学生进行系统学习的一种辅助手段。这一方法分为五步。

1.浏览

先不要忙着一章接一章地去读所想读的材料，而是要先弄清所读材料的目的，迅速浏览全书，以便对整个概貌有所了解。

2.提问

在浏览自己准备细读的那些章节时，要认真琢磨其中的某些观点，并且把它和已经掌握的观点相对比、相联系，并随手记下所想到的问题。

3.阅读

通常要求读得慢而透彻。大多数好的教材，每一章都有标题和副标题，阅读时要记住，没有大小标题的，自己应概括地写出。

4.背诵

这里的背诵，不是逐字逐句地死记硬背，而是在理解的基础上把有关章节的中心思想能提纲挈领地复述出来。当然，也可把某些极其重要的东西背诵出来。

5.复习

复习不应被看作仅在考试前才去做的事情，对需要长期记忆的材料，必须反复复习。

### （五）整体学习法与部分学习法

整体学习法是指将学习材料作为一个整体进行学习，在学习过程中，将学习材料从头至尾地反复学习，以获得对材料的总体印象和了解。

部分学习法是指将学习材料分成几个部分，每次集中学习其中的一部分。对每个具体部分的学习，应当根据其难易程度的不同，具体安排学习时间或次数。

在教学实践中，将上述两种学习方法结合起来使用，往往可以取得更好的学习效果。

### （六）集中学习法与分散学习法

集中学习法是指较长时间地进行学习活动，学习的次数相对少一些，一次学习时间的长短取决于所学习材料的性质及其他因素。通常情况下，集中学习法更适合于比较复杂难懂的材料，这样可以保证学习者能够集中注意力，有利于他们理解并掌握那些抽象难懂的材料。

分散学习法是指将学习时间分成几个阶段，每学习一段时间就稍作休息。相关研究表明，假如分散学习的时间不是太短，这种方法就是较为有效的。至于每次分散学习的时间以多久为宜，则要根据学习材料的性质以及学习者个人的具体情况而定。

## 六、掌握记忆技巧

### （一）科学识记

识记是记忆过程中的第一步，是保持、再认和回忆的前提。良好的记忆往往开始于科学的识记。识记的目的是影响识记效果的重要因素。识记目的越明确、越具体，识记效果就越好。因此，在识记前，对自己要识记什么样的知识，这些知识要识记到什么程度等要做到心中有数。

### （二）培养追忆能力

追忆是人们在一定的目的下，自觉采用一些回忆的方法，并需要付出一定意志来努力的回忆方法。培养追忆能力的目的是让大学生可以及时地进入追忆的准备状态，并为追忆指明方向。追忆方法一般包括联想追忆、双重提取追忆（借助表象与语言的双重线索）以及再认追忆等。此外，在追忆的过程中，因为思想高度集中，情绪容易紧张，原本知道的东西一下子想不起来，遇到这种情况时，就需要利用自己的意志力来克服紧张情绪，排除其对追忆的干扰。这也要求高职生加强对自身意志力的锻炼。

### （三）有效组织复习

正所谓“温故而知新”，组织识记后的复习可以有效地减少遗忘。同时，复习效果的好坏并不机械地取决于复习的次数，而主要在于复习方法的正确性与有效性。

### （四）合理利用外部记忆手段

学会做读书笔记不仅可以更好地保持记忆内容，而且是提高学习效率的有效手段。除了读书笔记，还有如上课时记课堂笔记，读书时写笔记、记卡片和编提纲，有时还可通过将需要记忆的内容存入计算机等方式来保持所要识记的内容。

## 七、提升创新性思维

创新性思维是指重新组织已有的知识经验，提出新的方案或程序，并创造新的思维成果。高职生是具有较高智力水平的人群，他们思想活跃，对各种事物充满好奇心和探索欲，具有创造力的潜在优势。作为一个高职学生，在高职院校特殊的氛围里接受着专业而系统的学习，逐渐拓宽了自身的视野和生活阅历，这对于提高高职生的创新性思维是有很大帮助的。高职生提升创新性思维的途径主要包括以下几方面。

### （一）培养直觉思维

直觉思维是用现成的判断，不采用任何逻辑论证的形式，迅速地对问题的答案做出合理的猜测、设想或突然领悟。直觉思维虽然只产生猜测，但是它能推动人进一步用分析思维来检验猜测。因而，高职生一定要培养自己的直觉思维，以提高自己的创造性。

### （二）突破常规思维

在问题情境中，每一种物体或工具都有它的固定功能，一种功能可以解决一种问题。但问题情境很复杂，当物体或工具与解决问题所需要的条件有着新的关系时，高职生必须改变物体或工具固有的用途来适应新的需要。另外，在思考问题的时候，高职生应适当改变刺激物在时间或空间上的排列，以利于解决问题。

### （三）培养独立思维的习惯

思维活动是从产生或提出问题开始的。学习知识中积极而独立思考极为重要，“学而不思则罔，思而不学则殆”。因此，高职生要培养独立思考的习惯，要从小事做起，从眼前做起，形成自信。同时也不排除吸取他人之长，补全自我之短。

### （四）发展全面思维的品质

思维的基本品质由思维广度、思维深度、思维灵活性和思维独立性所组成。它们互相区别，又互相联系，作为一个整体，在高职生思维能力体系中相辅相成地发挥作用。

### （五）积累深入思维的经验

独立地提出问题与分析问题或提出假说与验证假说都和人的知识和经验的积累程度息息相关。它可以使人产生丰富的联想，使人的思维灵活而敏捷、迅速而果断。这要求我们将书本知识同实际活动、将理性认识同感性经验结合起来，并养成“凡事问一个为什么”的思维习惯、有条理有依据的思维习惯、一问多思以及求异思维的习惯。

# 第四章　新时代高职院校学生安全教育与管理

## 第一节　高职生安全教育概述

### 一、高职生安全教育的必要性

高职生安全教育，是指依据国家有关法律法规和学校的安全规章制度、安全知识、安全技能对高职生进行教育，以增强大学生的法治观念、安全防范意识和能力，进而维护高职生的生命财产安全，确保校园的安全和稳定。当前高职院校的各类治安事件时有发生，这些给高职生造成了一定危害。从案情看，有的虽具有偶然性，但大部分案件的发生，与对高职生的日常管理和宣传教育不到位有关。特别是现在高职生思想情绪波动较大，心理素质较低，应对复杂社会能力较差，容易上当受骗，个别人会走上违法犯罪的道路。因此，加强对高职生的安全教育，对培养德、智、体、美、劳全面发展的社会主义建设者和接班人具有十分重要的现实意义。

随着高校改革的不断深入，高职生的生活空间大大扩展，交流领域也不断拓宽。他们除了在学校进行正常的学习、生活外，还需要走出学校参加各种社会实践活动。在这种情况下，如果缺乏必要的社会生活知识，尤其是安全知识，势必导致各种安全问题的发生。因此，加强高职生的安全教育，增强安全意识和自我防范能力，已迫在眉睫、刻不容缓。

#### （一）加强高职生安全教育是高校治安形势的需要

随着改革开放的深入，高职院校由过去的封闭型办学变为了开放型办学，由一般的教学、科研机构变为了教学、科研、生产、商贸等多元化的社会机构。当前高校管理模式社会化，办学形式多样化，学生结构复杂化，校园与社会相互交叉、相互渗透，校园治安形势日趋复杂严峻，这主要表现在四个方面：

（1）校园环境日趋社会化、复杂化。随着高等教育事业的发展，高职院校由原来单一的教学封闭型转变为全方位、开放型的“小社会”；校园内不仅有教学区、生活区，有的还混杂家属区、居民区；不仅有教学、科研设施，还有超市、书店、银行、邮局、医院、饮食店等生活服务设施。一所高职院校就像一个小城镇，这种复杂的格局，在客观上也给高职院校的安全造成了诸多隐患。一些社会上的不法之徒，时常会窜入高校进行盗窃、抢劫、诈骗、行凶等犯罪活动，有的甚至会危害师生的人身安全，直接影响学校的安全稳定。

（2）大量的外来务工人员、经商人员进入校园，给学校的治安管理带来了巨大的冲击。

随着高职院校后勤社会化的形成，大量的外来人员来校务工、经商，这部分人文化素质偏低、法治观念淡薄、流动性较大，不易管理。

（3）校区多而分散，交通安全存在着较大的隐患。有些高职院校校区分散，相邻校区间的人流、车流、物流互动，有的院系学生每天会从甲校区到乙校区上课或去图书馆学习，这致使校区之间人员流动性增大，如果稍有疏忽，就容易发生交通事故。

（4）校园周边治安环境日趋复杂。当前，引发校园及周边地区治安问题的消极因素仍然存在，侵害师生人身及财产安全的治安、刑事案件时有发生。这些案件的发生，不仅会给学生本身及其家庭造成伤害，而且会直接影响到学校正常的教学、生活秩序，严重时将危及整个社会的稳定。

因此，加强大学生安全教育，提高大学生的安全防范能力和自我防护能力，可以有效地减少和避免各种安全问题，从而起到维护高校安全的积极作用。

### （二）加强高职生安全教育是提高高职生自我防范、自我保护能力的需要

近年来，在校园内外发生了一些涉及学生的意外伤害事故，其原因虽各不相同，但有一个共同点，就是大多数当事学生对事故的发生没有任何心理准备和自我保护意识，面对伤害时不知所措。当前，高职生在自我防范意识和自我保护能力方面，主要存在以下问题：

（1）缺乏社会经验。当代高职生由于从小都是在父母和老师的呵护下长大的，没有经受什么挫折，思想比较单纯，对社会上的不良风气和行为不能做出理性分析。因为缺乏社会经验，自我防范能力就相对比较弱，如缺乏保管自己的贵重物品、现金的经验，这就容易发生财物被盗问题；缺乏人际交往中的经验，就容易

上当受骗。也有一些学生在受到人身侵害时，不知道如何保护自己，轻而易举地就会被一些不法之徒欺骗或威逼利诱。

(2) 缺乏安全防范意识。一些高职生安全防范意识淡薄，对可能发生的各种安全问题缺乏必要的认识和警惕，导致了种种安全隐患，如人离开寝室不锁门、贵重物品不妥善保管、随意丢放，导致钱物失窃；有的学生违反宿舍安全管理规定，在宿舍内乱接乱拉电线、违章使用电器、乱扔烟头等，由此而造成各种安全事故。

(3) 缺乏对社会消极因素的抵御能力。有的学生经不起诱惑，自觉或不自觉地接受了一些腐朽观念，如有些大学生受拜金主义、享乐主义、极端个人主义思想的影响，经受不住来自金钱的诱惑好逸恶劳、贪图享乐，从贪小便宜、小偷小摸而发展到大肆行窃，害人害己、危害社会。

针对上述高职生安全意识和防范能力不强的问题，我们必须加强高职生安全教育，使广大学生增强法律意识，提升自身安全文化素养，掌握必要的安全知识，不断增强防范能力。

## 二、高职生安全防范教育的目的

有效开展高职生安全防范教育和管理活动，不仅能保障高职生在校期间的人身、财物安全，也能较好地促进高职生身心健康发展，全面提高高职生的素质。通过对高职生开展一系列的安全防范教育和管理活动可以达到以下五种目的。

### （一）使高职生遵纪守法，做一名合格的高职生

随着我国依法治国战略的确定和社会主义民主法治建设步伐的加快，有关教育和社会治安综合治理的法律、法规陆续出台。这些法律、法规是根据《中华人民共和国宪法》及其他基本法律制定的，是开展安全教育与管理和综合治理工作的法律依据。学生要认真学习相关的法律、法规，并自觉、严格地遵照执行。高职院校制定的各项管理规章制度，如《大学生行为规范》《学籍管理规定》《社团登记管理条例》《涉外活动的有关规定》《宿舍管理规定》等，既是维护学校正常教学和生活秩序的必要措施，也是维护学生人身和财物安全的有力保障。大学生要认真学习这些规章制度，并以此规范自己的日常行为，从我做起，自觉维护校园治安秩序，这是自我教育、自我管理的重要手段之一。

### （二）使高职生自律、自立、自强，树立正确的人生观、价值观

高职生学习遵纪守法、预防犯罪等内容，不仅有助于加深对法律法规、校纪校规的理解，分清合法与违法、罪与非罪的界限，增强依法治国、依法治校、依法防范的意识，而且有助于高职生自觉抵制社会不良风气的影响，做到自律、自

立、自强。高职时期是人生观、价值观形成的关键时期。高职生的人生观具有鲜明的时代特征，也具有较大的不稳定性和可塑性。有些高职生面对纷繁复杂的社会现象，感到迷惘，无所适从，他们渴望寻求正确的人生观、价值观的指引。高职生学习安全知识，接受安全教育与管理，正是多层次的、具体生动的人生观、价值观教育的重要一环，对学生正确人生观、价值观的形成具有重要作用。

### （三）使高职生学会运用法律武器，同各种违法犯罪行为作斗争

社会主义法律法规是维护社会治安秩序，保护公民人身权利和民主权利的有力武器。高职生学法守法，依法保护自身的合法权益，与运用法律武器同违法犯罪行为作斗争，在本质上是一致的。各种违法犯罪行为都会不同程度地直接或间接地破坏校园秩序，侵害学生的合法权益，那种事不关己高高挂起，对违法犯罪行为熟视无睹、避而远之的态度是十分错误的。这只会助长犯罪分子的气焰，让其变本加厉地侵害高职生的权益。只有每个高职生都在学法守法的基础上，运用法律武器勇敢地同坏人作斗争，并在社会上、校园里形成良好氛围，才能从根本上遏制违法犯罪活动。

### （四）使高职生学好安全防范的知识和技能，增强自我防范能力

高职生接受安全教育与管理，了解和掌握治安问题发生的原因、过程、特点和规律，以及各类治安案件构成的时间、人物、手法，学好安全防范知识，学会安全防范的技能，掌握必备的应对措施，是十分重要的。通过对安全防范知识和技能的学习，高职生不仅可以了解和掌握许多生活知识，培养生活自理能力，而且可以学会明辨是非、分清良莠，不致随波逐流、误入歧途；不仅可以有效地保护自我，而且可以帮助周围的同学和朋友，为树立良好的校风、学风，维护社会治安作出自己的贡献。

### （五）优化育人环境，促进高职院校精神文明建设

对高职生进行安全教育与管理，可以使高职生的安全防范意识得到增强，能力得到提高，还可以在校园内形成群防群治网络，使来自社会和校园的不安全因素得到最大限度的遏制，从而有效地发现和制止违法犯罪活动，消除隐患，预防灾害事故的发生，使校园治安环境得到改善。只有解除了后顾之忧，教师才能一心一意地搞好教学、科研和管理工作；学生才能安排好在大学期间的学习和生活。高职院校教育在一个安定的环境中正常运行，也有利于培养良好的校风、学风，发展健康、高雅的校园文化，从而促进高校的精神文明建设。

## 三、高职生安全教育的原则和方法

高职生安全教育作为一项教育实践活动，有其自身特点，因而必须遵循一定

的教育原则，运用合适的教育方法，才能取得良好的教育效果。

### （一）高职生安全教育的一般原则

1.发展性与生活化相结合

高职生安全教育应着眼于高职生个体成长与发展，贴近高职生当下的生活世界，不断提升高职生的安全素养，发展高职生的生活能力，帮助高职生提高生活质量，寻求与实现自身价值。

2.科学性与人文性相结合

高职生安全教育既要遵从高职生价值观形成和发展的规律与行为养成规律，又要重视对高职生的终极人文关怀，创设人性化情境，实施人性化教育。

3.认知性与践行性相结合

高职生安全教育既要注重对安全知识与技能的传授以及安全意识与观念的培养，又要注重对知识在实践中的运用与检验，内化安全规则，养成安全行为习惯，实现“知行合一”。

4.显性教育与隐性教育相结合

显性教育是指利用各种公开手段、公共场所，有组织、有计划地、系统地进行安全教育，一般由政府机构与高职院校组织实施，是带有一定程度强制性和规范性的安全教育方式，是高职生安全教育的主渠道。隐性安全教育是相对于正式教育课程而言的，是由社会教育包括学校教育、家庭教育和自我教育中的隐蔽因素构成的一种开放的、立体网状结构的教育方式。如果说显性教育是刚性教育的话，那么隐性教育则是高职生安全教育不可忽视的软性补充，这样的安全教育一旦为高职生所接受，将更为内在与持久。

5.教育与自我教育相结合

高职生安全教育既要发挥教育实施者的主导作用，又要展现高职生的主体性教育作用，自我教育是教育的最高境界。

6.普遍教育与个别教育相结合

既要抓好高职生整体统一的安全教育，又要注意因高职生的个体差异而导致的特别的安全需求，帮助每一个在校高职生解决他所关心或面临的安全问题。

### （二）高职生安全教育的具体方法

高职生安全教育的方法多种多样，在实践中应对其进行灵活运用。高职生安全教育的具体方法主要有以下九种。

1.理性灌输法

理性灌输法主要由教师或其他专业安全人员将安全知识与技能讲授给大学生，即所谓“晓之以理”。理性灌输法是目前广泛运用的最主要的高职生安全教育方法。

2.情感启迪法

用情感来感动高职生，激发高职生内在的安全意识、责任意识，使高职生内化安全常识，自觉形成良好的行为习惯，即所谓“动之以情”。

3.活动熏陶法

组织高职生开展安全实践演练，参与学校安全管理和服务，以达到活化所接受的安全知识与技能的目的。

4.情景模拟法

通过设置各种情景，有针对性地来开展安全教育，促使高职生形成处置各种安全危机的良好反应。

5.言传身教法

在日常生活中，主要是由教师与其他专业安全人员自然而然地展现安全理念与安全行为习惯，让高职生受到潜移默化的积极影响。

6.氛围感染法

营造良好的校园安全环境和校园安全文化氛围，将安全教育渗透到高职生的日常学习与生活中。

7.期望激励法

在安全教育过程中寄予希望，引领高职生澄清价值观念，实现自身价值，使其养成良好的行为习惯。

8.自我教育法

鼓励高职生主动学习安全知识，指导高职生组建安全组织并开展活动，培养高职生进行自我教育、自我管理的能力，让高职生真正成为安全教育的主体。

9.个别疏导法

设立专门的心理安全机构以及专门的安全咨询点，帮助有特殊安全需求的高职生解决自己关心与面临的安全问题。

## 第二节　树立科学观念

### 一、崇尚科学精神，反对迷信思想

科学技术是第一生产力。科学的力量改变了世界的面貌。科学思想是唯一能够指导人们前进的精神力量。科学，是关于自然、社会和思维的知识体系，是人类对于自然规律和社会发展规律的认识与把握，是推动历史进步的杠杆和基石。迷信，则是一种无知，一种对于自然力量和社会力量的畏惧和屈服。科学和迷信是对立的。科学使人聪明，使国强盛；迷信使人愚昧，使国衰落。在日益深入的社会变革和复杂多变的国际风云中，科学的力量是决定性的力量。当今世界，科学迅猛发展，技术日益创新，科学正在推动着人类社会飞速前进。无数事实证明，科学是使国家富强、人民幸福、社会和谐的唯一力量。在未来的国际竞争中，高职生要想稳脚跟，战胜一切艰难险阻和邪恶势力，尽快把我国建成社会主义现代化强国，就必须崇尚科学，发展科学，依靠科学，破除迷信，清除一切伪科学、假科学、反科学逆流的影响。高职生要想使自己成为国家有用之才，真正为人民谋幸福，就必须崇尚科学，坚信科学，努力学习科学，用科学知识、科学方法、科学思维、科学技术去反对和揭穿一切形式的迷信和邪说。

## 二、坚持唯物主义，反对唯心主义

唯物主义认为世界在本质上是物质的，是不依赖人的意志而客观存在的，物质是第一性的，意识是物质存在的反映，世界是可以认识的。唯心主义认为物质世界是意识、精神的产物，意识、精神是第一性的，客观世界是主观意识的体现或产物。辩证唯物主义和历史唯物主义是科学的世界观，是认识世界、改造世界的锐利武器。辩证唯物主义和唯心主义是根本对立的。新时代的大学生必须坚持科学的世界观，做一个坚定彻底的唯物主义者。只有这样，才能在错综复杂的形势下，排除任何形式的唯心主义的干扰，始终保持强大的精神力量，为社会主义事业作出应有的贡献。

## 三、注意心理健康，不要自我封闭

有些学生在学习、生活、恋爱等方面遇到困难和挫折或者是身体有某种疾病而陷入苦恼时，抑或对社会上的腐败现象和不正之风缺乏正确、科学的分析而想逃避现实、追求洁身自好、独善其身时，他们不去找老师谈，不去和同学、朋友交流，而是自我封闭，苦思苦想自我解脱的途径。提高心理素质，是抵御一切错误思潮的有效措施之一。高职生要注重培养自己良好的心理品质和自尊、自爱、自律、自强的优良品格，增强克服困难、经受考验、承受挫折的能力，要注意自身的心理健康，经常参加班级、学校的集体活动，多交朋友多谈心，把自己融入集体。

## 四、主动追求高品位的文化生活

1.树立正确的人生理想，做一个“有理想”的人

人生理想是人们对美好生活、美好未来和美好社会的向往和追求。它包括人们对某种社会制度、社会生活、道德风尚的崇尚和向往，反映出了人们对自己人

生的基本态度。远大的理想是人们进行开拓进取的取之不竭的动力。然而，有些学生在人生理想的追求上出现了偏差。在纷繁复杂的社会大熔炉中，高职生要找准自己的位置，认真学习科学的人生理论，树立正确的人生理想。

2.努力提高思想道德素质，做一个“有道德”的人

高职生要加强无产阶级道德观念教育，自觉培养良好的思想道德素质，坚持自我学习、自我教育、自我调控、自我修养，才能更好地抵御腐朽思想的侵蚀，做一个高尚的人、一个有道德的人、一个有文化修养的人。

3.努力学习科学文化知识，做一个“有文化”的人

“有文化”是21世纪对高职生提出的科学文化素质要求。科学技术是第一生产力，科技进步是经济的决定因素。21世纪是一个崭新的时代——知识经济时代。知识经济是世界进入信息传递高速化、商业竞争全球化、科技发展高新化的一种经济。在知识经济时代，知识将上升到第一位，并成为推动经济发展的第一要素。知识将真正成为资本，其转化为生产力的时间将大大缩短。因此，人的素质和技能就显得尤为重要。高职生作为推动科学进步的载体，更应该加倍地吸取新知识，调整自己的知识结构，不断地培养自己运用知识解决问题的能力和开拓创新的精神，使自己成为适应21世纪需要的复合型人才，做一个“有文化”的人。

4.严格要求自己，做一个“有纪律”的人

青年学生正处于成长阶段，思想上还不成熟，辨别是非能力、意志力以及集体意识都较差，自我控制能力不强，容易受外部环境的影响。因此，高职生要有自我约束、自我管理的意识，在学习、生活中严格要求自己，规范自己的言行，锻炼自己的意志，养成良好的学习、生活习惯，自觉遵守学校的规章制度，做一个“有纪律”的人。

## 第三节 杜绝“黄赌毒”

黄赌毒是指卖淫嫖娼、贩卖或者传播黄色信息、赌博、买卖或吸食毒品的违法犯罪行为。它们不仅给社会带来了巨大的危害，而且一定程度上威胁着广大学生的人身安全、生命安全，也威胁着社会的安宁和稳定，腐蚀人的心灵，扭曲人的本性，引人走向犯罪道路。在中国，黄赌毒是法律严令禁止的活动，是政府主要打击的对象。

## 一、抵制“黄色污染”

### （一）“黄”的含义

“黄”指淫秽物品。淫秽物品，是指具体描绘性行为或者露骨宣扬色情的淫秽性的书刊、影片、录像带、录音带、图片、音频及其他淫秽物品。包括具体描绘性行为或者露骨宣扬色情的淫秽性的视频文件、音频文件、电子刊物、图片、文章、短信息等。有关人体生理、医学知识的科学著作不是淫秽物品。

《中华人民共和国刑法》第三百六十三条：以牟利为目的，制作、复制、出版、贩卖、传播淫秽物品的，处三年以下有期徒刑、拘役或者管制，并处罚金；情节严重的，处三年以上十年以下有期徒刑，并处罚金；情节特别严重的，处十年以上有期徒刑或者无期徒刑，并处罚金或者没收财产。为他人提供书号，出版淫秽书刊的，处三年以下有期徒刑、拘役或者管制，并处或者单处罚金；明知他人用于出版淫秽书刊而提供书号的，依照前款的规定处罚。

《中华人民共和国刑法》第三百六十四条：传播淫秽的书刊、影片、音像、图片或者其他淫秽物品，情节严重的，处二年以下有期徒刑、拘役或者管制。组织播放淫秽的电影、录像等音像制品的，处三年以下有期徒刑、拘役或者管制，并处罚金；情节严重的，处三年以上十年以下有期徒刑，并处罚金。制作、复制淫秽的电影、录像等音像制品组织播放的，依照第二款的规定从重处罚。向不满十八周岁的未成年人传播淫秽物品的，从重处罚。

### （二）高职生如何远离淫秽

高职生正处于身体生理条件成熟的初级阶段，对自身和异性都有很多神秘感。由于我国的教育体制，在性教育方面还存在很大不足，高职生对生理方面的认识程度有很大欠缺，又由于青年学生具有接受新奇事物的天性，对出现的和能够出现在其视野内的异性产生极大兴趣，所以会乐此不疲地追求这方面的事物，希望能探其究竟，愈久弥深，从而自觉不自觉地受到黄色淫秽物品的毒害，进而使他们轻则精神萎靡，产生性幻想，荒废学业，重则按照淫秽图书、图片或录像中的内容实施，触犯法律。

高职生要坚决抵制黄色淫秽制品，要坚决做到不看、不传，更不能走私、制作和贩卖；要洁身自爱，读好书、结好友，积极参加健康有益的文体娱乐活动；树立正确的人生观，培养高尚的道德情操，做“四有”新人。高职生要积极采取行动，远离不健康的环境。

1.高职生要增强自己的安全和保护意识

高职生所处的年龄段决定了他们喜欢冒险，喜欢刺激，愿意去尝试很多新的、不为人知的东西，所以往往会忽略安全的问题，高职生要经常从各类事故中吸取经验、自觉接受教训，树立安全意识，防范不可见的危险，远离不健康的环境，保护好自己的安全。

2.积极参加健康高雅的校园活动

学校要定期举行知识讲座、文艺表演、才艺展示、知识竞赛等有益于高职生身心健康的活动，高职生要对这些活动时常关注，积极参与，不断丰富、充实自己的课余生活，而不要让空虚、无聊、乏味吞噬自己，更不要通过出入各类娱乐场所来进行狂欢、寻求刺激。

3.制定学习目标，发奋学习

高职生的主要任务是学习，只有学好本领，顺利完成学业，才能更好地服务社会，回报家庭。制定一定的学习目标并积极去完成，可以帮助高职生安排好时间，充实自己的高职生活并通过学习目标的实现获取满足感、成就感。

4.养成勤俭节约的好习惯

出入娱乐场所必定会花费一定的金钱，高职生还在接受父母资助，还没有独立的经济能力，所以高职生应养成勤俭节约的习惯，避免攀比和过度消费。

5.认真查看娱乐场所各类证件

进入娱乐场所，首先要看一下墙上有没有挂出营业执照，有没有消防部门颁发的合格证，是否按照公共场所卫生管理条例及相关规定，对从业人员进行了健康知识培训和考核。此外还要熟悉一下消防通道、安全标志、紧急出口，了解其消防疏散通道是否通畅，应急措施是否健全，以防万一。高职生要洁身自爱，自觉远离不健康场所，杜绝安全威胁，为自己的安全问题负责。

## 二、远离赌博

### （一）赌博的危害

“赌”即赌博，是指利用赌具，以钱财作为赌注，以占有他人利益为目的的违法犯罪行为。赌博是一种丑恶的社会现象，是一种容易上瘾的活动，高职生如果长久地沉溺在赌博的毒害中就会无法自拔，从而产生厌学的心理，进而荒废学业。高职生因为赌博而被学校开除学籍的事情经常发生，因为赌博而走上违法犯罪的现象也是屡见不鲜。赌博的危害主要有以下几个方面。

1.导致学业荒废

高职生一旦沾染上赌博后，就会为巨大的诱惑所俘虏，他们经常会赌博到凌晨以后，有时甚至会通宵达旦。参赌学生经常不按学校的规定正常作息，有的长期熬夜，精神萎靡不振，经常旷课、迟到和早退，即便到了课堂，注意力也难以集中。有的干脆白天蒙头大睡，晚上点烛看书来应付考试，长此以往，必定难以完成学习任务，导致学业荒废。

2.助长不劳而获的习气

赌博使人妄想不劳而获，赌博赢了的不会满足，输了的总想着把输的捞回来，在这样极端而且错误的想法下赌博往往会无休止地继续下去，久而久之会使他们的人生观、价值观发生扭曲，丢掉从小养成的自觉劳动的良好习惯。

3.严重影响身心健康

赌博经常通宵达旦，影响休息，扰乱了饮食起居的正常规律，造成生物钟紊乱。赌博时高度紧张，赢钱的人乘兴而往，赢钱了就会强烈兴奋、情绪激动；输钱的人拼命再来，不顾饥寒，疲惫精神，输钱了就会心烦意乱、脾气暴躁，情绪反差极大。长此以往，极易导致疾病缠身。另外，在赌场中，人们在意的是多赢钱，容易产生好逸恶劳、尔虞我诈、投机侥幸等不良的心理品质。

4.极易引发事变

一旦赌博，心中千方百计地在想要赢对方的钱财，即使是至亲挚友对局赌博，也必定暗下戈矛，如同仇敌；有的因赌博而反目成仇，使用暴力；有的因缺赌资而参与偷抢等犯罪活动锒铛入狱。

5.破坏人际关系

赌博是一种群体的违法犯罪活动，直接牵涉到人际关系。也一定会影响到学生之间的关系，学生之间的友爱之情往往会被利害关系所替代。

《中华人民共和国治安管理处罚法》第七十条：以营利为目的，为赌博提供条件的，或者参与赌博赌资较大的，处5日以下拘留或者500元以下罚款；情节严重的，处10日以上15日以下拘留，并处500元以上3000元以下罚款。

《中华人民共和国刑法》第三百零三条：以营利为目的，聚众赌博或者以赌博为业的，处三年以下有期徒刑、拘役或者管制，并处罚金。开设赌场的，处三年以下有期徒刑、拘役或者管制，并处罚金；情节严重的，处三年以上十年以下有期徒刑，并处罚金。

### （二）高职生如何抵制赌博

赌博是一种习惯性行为，戒赌并不容易，但并不是陷入赌博旋涡后就不可救药，只要拥有坚定的意志，绝对可以应对或克服赌博问题。高职生可以尝试以下方法。

1.一旦决定戒赌，就要坚决与之决裂

作好充分准备，防止其反复。要避免出席任何赌博场合，避免与有赌博习惯的人来往。

2.减少持有现金

对手头的现金进行适当分配，限制现金的供应，不留下过多的钱进行赌博活动。

3.及时寻求帮助

倘若你想找人倾谈你的赌博问题，但又不习惯面对面或不愿向你认识的人倾诉，可以通过电话，向心理医生和社会学家诉说你的感受，或商讨戒赌办法。

4.控制精神压力

通过多参加集体活动、定时做运动或进行休闲活动，驱走闷气，舒缓紧张的情绪。

5.养成反省的习惯

写日记、博客可帮助了解自己的赌博行为，找出赌博的倾向和模式进行反省。

6.培养其他可取代赌博的嗜好

排解空闲时间，努力打消赌博的念头。

7.制定学习目标

制定一定的学习目标，自我加压，引导自己戒掉赌博的习惯。

## 三、拒绝毒品

### （一）毒品的分类和危害

毒品是指鸦片、海洛因、甲基苯丙胺（冰毒）、吗啡、大麻、可卡因以及国家规定管制的其他能够使人形成瘾癖的麻醉药品和精神药品。

1.毒品的分类

毒品种类很多，范围很广，分类方法也不尽相同。

从毒品的来源看，可将其分为天然毒品、半合成毒品和合成毒品三大类。天然毒品是直接从毒品原植物中提取出来的毒品，如鸦片。半合成毒品是由天然毒品与化学物质合成而得到的，如海洛因。合成毒品是完全用有机合成的方法制造，如冰毒。

从毒品对人中枢神经的作用看，可分为抑制剂、兴奋剂和致幻剂等。抑制剂能抑制中枢神经系统，具有镇静和放松作用，如鸦片类。兴奋剂能刺激中枢神经系统，使人产生兴奋，如苯丙胺类。致幻剂能使人产生幻觉，导致人产生自我歪曲和思维分裂，如麦司卡林。

从毒品的自然属性看，可分为麻醉药品和精神药品。麻醉药品是指对中枢神经有麻醉作用，连续使用易产生生理依赖性的药品，如鸦片类。精神药品是指直接作用于中枢神经系统，使人兴奋或抑制，连续使用能产生依赖性的药品，如苯丙胺类。

从毒品流行的时间顺序看，可分为传统毒品和新型毒品。传统毒品一般指鸦片、海洛因等流行较早的阿片类毒品。新型毒品是相对传统毒品而言，主要指冰毒、摇头丸等人工化学合成的致幻剂、兴奋剂类毒品，在我国主要从20世纪末21世纪初开始在歌舞娱乐场所中流行。

2.毒品的危害

（1）吸毒对社会的危害。

对家庭的危害。家庭中一旦出现了吸毒者，家便不能称为家了。吸毒者在自我毁灭的同时，也破坏了自己的家庭，使家庭陷入经济破产、亲属离散，甚至家破人亡的困难境地。

对社会生产力的巨大破坏。吸毒首先导致身体疾病，影响生产；其次是造成社会财富的巨大损失和浪费，同时毒品活动还造成环境恶化，缩小了人类的生存空间。

毒品活动扰乱社会治安。毒品活动加剧诱发各种违法犯罪活动，扰乱了社会治安，给社会安定带来了巨大威胁。无论用什么方式吸毒，对人体都会造成极大的损害。

（2）吸毒对身心的危害。

①生理依赖性。生理依赖性，是指由于反复用药而造成的一种强烈的依赖性。毒品作用于人体，使人体能产生适应性改变，形成在药物作用下的新的平衡状态。一旦停掉药物，人们生理功能就会发生紊乱，进而出现一系列严重反应，这些反应称为戒断反应，会使人感到非常痛苦。用药者为了避免戒断反应，就必须定时用药，并且不断加大剂量，这使得吸毒者终日离不开毒品。

②精神依赖性。毒品进入人体后作用于人的神经系统，使吸毒者出现一种渴求用药的强烈欲望，驱使吸毒者不顾一切地寻求和使用毒品。一旦出现精神依赖后，即使经过脱毒治疗，在急性期戒断反应基本控制后，要完全康复原有生理机能往往需要数月甚至数年的时间。更严重的是，对毒品的依赖性难以消除。这是许多吸毒者复吸毒的原因，也是世界医学界、药学界尚待解决的课题。

③毒品危害人体的机理。我国目前流行最广、危害最严重的毒品是海洛因，海洛因属于阿片类药物。在正常人的脑内和体内一些器官，存在着内源性阿片肽和阿片受体。在正常情况下，内源性阿片肽作用于阿片受体，调节着人的情绪和行为。人在吸食海洛因后，抑制了内源性阿片肽的生成，逐渐形成在海洛因作用下的平衡状态，一旦停用人就会出现不安、焦虑、忽冷忽热、起鸡皮疙瘩、流泪、流涕、出汗、恶心、呕吐、腹痛、腹泻等。这种戒断反应的痛苦，反过来又促使着吸毒者为避免这种痛苦而千方百计地维持吸毒状态。冰毒和摇头丸在药理作用

上属中枢兴奋药，会毁坏人的神经中枢。

### （二）高职生如何拒绝毒品

1.自觉学法，牢固树立法治观念

时刻清醒地认识到行为的合法与非法性，凡是法律法规明令禁止的行为，坚决不沾不染，牢记“涉毒违法，违法必究”这个概念，不侥幸、不好奇，做知法守法的好公民，自觉地将毒品拒之门外，这是远离毒品的第一道，也是最关键的一道防线。

2.充分认识毒品的危害，培养高尚的道德情操

具备明辨是非能力的人在面对种种社会现象时能够对正确的、良好的行为感到崇尚和敬仰，对错误的行为感到不满、愤恨，并能自觉地抵制不道德行为、不良嗜好的诱惑。充分认识参与毒品违法犯罪活动的危害性，珍视自己的生命，提高抵御毒品的能力。不要放任好奇心，不要以身试毒，否则必然要付出惨痛代价；不抱侥幸心理，绝不要有“第一次”。

3.不结交有吸毒、贩毒行为的人，慎交朋友

遇有亲友吸毒，一要劝阻，二要回避，三要举报。远离毒品场所，严防毒品侵害。不要在吸毒场所停留，不做被动吸毒者。

4.不信谎言，避免受骗

不要听信毒品能治病的谎言，吸毒摧残身体，根本不可能治病。不要听信吸毒是“高级享受”的谣言。吸毒一口，痛苦一生。不要接受吸毒人的香烟或饮用品，因为他们会诱骗高职生吸毒。

5.不追求刺激，不消极厌世

不要盲目追求感官的刺激。许多高职生就是因为空虚，为追求刺激而走上吸毒道路的。“吸食毒品犹如玩火”，酿成恶果追悔莫及。不要因为遇到不顺心的事而以吸毒消愁解闷。要勇敢面对失学、失恋等人生挫折。培养广泛的兴趣爱好，丰富生活，避免孤僻的生活方式。

6.自觉抵制毒品，和涉毒违法犯罪行为做坚决斗争

毒品危害之大是常人难以想象的，自觉抵制毒品，就要从和自己身边的涉毒违法犯罪行为作斗争做起。全社会每一个人都行动起来，我们身边的毒品和悲惨的故事就会越来越少，最终创造一个没有毒品的和谐社会，最终保护的是我们亲戚、朋友、家人和自己的利益。

7.一旦沾染毒品，要主动向老师和学校报告

自觉接受家长及社会有关部门的监督戒除及康复治疗。

# 第四节　增强法律意识

高职生是社会上的一个特殊群体，他们正处于长知识、长身体的时期，是社会发展的未来。随着经济的发展和社会的进步，高职生成长的环境不断得到改善，但同时也面临着一部分人会误入歧途违法犯罪的严峻现实。高职生这个特殊年龄群体中有极少部分由于不良的社会、家庭、教育等方面因素的影响而走上了违法犯罪道路。高职生犯罪不仅危害本人、家庭和周围的社会环境，更主要是对整个社会未来也将产生一定的不良影响。深刻认识高职生违法犯罪现状及各种类型，是有效预防和控制大学生犯罪的前提。

## 一、高职生犯罪的原因

高职生犯罪的类型不再局限于以往的盗窃等情形，除刑法对主体有特殊要求的犯罪（如渎职罪等）以外，几乎涵盖了我国刑法规定的大部分罪名。其原因主要有以下几方面。

1.社会转型给高职生带来思想冲击

转型时期急剧变化的社会现实在各个层面上冲击着人们的思想观念。社会所要求的主流意识的一元化与非主流意识的多元化相混杂，社会价值取向的一元化与个体价值取向的多元化形成了矛盾。社会环境的消极因素与积极因素相互斗争，此起彼伏，时时影响着人们的思想，造成人们心理的失衡。在思想文化领域，以网络平台传播颠覆传统经典的“恶搞”在高职生中很流行。各种非主流的思想文化愈益显现，这给当代高职生带来深刻影响。

2.高职生自我价值观发生了变化

价值观是影响甚至支配人们行为的重要因素。随着社会的发展，高职生的价值观出现了变化。在不否认其主流是好的前提下，要指出的是有为数不少的高职生的思想出现了消极、颓废的倾向，主要表现在以下两方面：

（1）对自身及社会认识的变化。高职生的自我预期下降，这使他们极易产生消极颓废心理。在拜金主义的影响下，物质利益成为现实生活的重头戏，部分高职生错误地以物质利益为尺度去评价个人得失，这诱发了少数人进行抢劫、盗窃、诈骗等违法犯罪活动。

（2）个人化、个性化倾向。面对改革浪潮，高职生的价值观念出现了个性化倾向。这种倾向是仅对不合理的个人利益，具有一定的积极性，但如果不能把握合适的“度”，就很容易陷入个人主义的泥潭，从而容易犯罪。

3.高职生心理发展的不成熟性

高职生处于青年期，其心理正在迅速走向成熟但又未完全成熟，他们心理起伏比较大、易冲动、自我控制能力较差、做事情欠考虑；加上高职生的人生体验浅，而社会又极其复杂，故若没有正确的引导，他们很容易走上歧途，甚至诱发犯罪。高职生心理发展的不成熟性还表现在：对自我的要求过分高于自身的素质、能力；客观生活环境困难；父母过度关怀。

4.社会文化的影响

一些非主流文化和西方腐朽文化对大学生产生了不可低估的影响，这些影响也是导致高职生犯罪的原因之一。社会的主流文化是健康向上的，对高职生起着积极的正面引导作用。

5.家庭因素也是一个不可忽视的因素

现在的家庭无论经济条件好坏，都对自家的“骄子”给予了过多溺爱。有的父母不惜省吃俭用，也要为孩子创造舒适的环境；经济条件好的，更是把孩子当成“掌上明珠”，要啥给啥。这容易使大学生产生好逸恶劳、挥霍无度的不良习气，甚至导致犯罪的发生。

## 二、高职生如何预防犯罪

有着美好前途却因犯罪而触犯法律的高职生，既害人又害己，不仅辜负了家庭的希望，也辜负了国家和社会的期望，这是十分令人痛心的。因此，高职生犯罪现象不容忽视，预防是减少犯罪的最有力的办法，预防高职生犯罪是对人才的珍惜，也是对家人、朋友、社会的责任。那么，作为当代的高职生，应如何提高自身的法律意识，规范自身的行为举止，从源头上预防犯罪呢?

### （一）加强思想品德教育，提高自身修养

高职生要树立正确的世界观、人生观和价值观，加强学习思想品德知识，提高自身修养，养成良好的道德行为习惯，从而使自己远离违法犯罪，自觉抵制不良社会现象的负面影响。

1.认真学习理论知识

不断提高自我修养。理论是行动的指南，思想是行动的先导，理论越彻底，认识越正确，进行修养的自觉性就越高，在修养实践中的盲目性就越少，就能及时地识别错误倾向，少走弯路，免遭挫折。掌握辩证唯物主义、历史唯物主义的基本观点，深刻理解社会发展的客观规律，树立正确的世界观、人生观、价值观；必须认真学好必修和选修的思想教育课程（德育课）；还必须认真学习与思想品德修养方面有关的知识（如伦理学、心理学、人才学、社会学以及现代管理科学等

学科)。只有拥有理论上的坚定，从而能有行动上的坚定，才不至于随波逐流，附和错误潮流。

2.积极参加社会实践

一个人的思想品德状况如何，主要以社会实践来检验。社会实践不仅是智慧的源泉，而且是道德的源泉。人们思想品德的形成，正是在社会实践中，在待人处世中表现和形成的。人们要进行自我修养，自我改造，必须通过社会实践；离开了社会实践，便谈不上自我修养，自我改造。人们总是在改造客观世界的同时改造自己的主观世界。

当代高职生通过参加社会实践活动，了解国情、乡情，耳闻目睹在改革开放中出现的新气象以及碰到的许多新问题，既激发了雄心壮志，又看到了改革开放前进道路的不平坦，看到了教育同形势发展的差距。高职生在学校的许多活动包含在第二课堂活动中，都包含有思想品德教育的内容，也是思想品德修养的重要途径。例如：担负党、团、学生会、系班干部职务，工作实践、参加集体组织的各项有益活动；参观访问、社会调查、教育实习、专题报告会、讨论会、听录音、看电影、开展文娱体育比赛；等等。每个同学通过参加这些活动，既充分展现了自己的才能，又表现了自己的思想品德，可以从同学们的议论中得到大家对自己思想品德的评价，还可以学习他人的优秀品质，从而促进自己思想品德的修养。特别是一个健康的集体，对于培养一个人的优良思想品德影响更大。只有在实践中，才能找到所学理论与社会需要之间的结合点，才能架起在书本知识与现实之间的多层次的立交桥，也只有这样，才能了解社会，丰富思想，坚定信念，陶冶情操。

3.向先进人物学习

思想品德修养的目的在于学会如何做人，培养高尚的情操。大学生正处在世界观、人生观、价值观形成的时期，以先进人物作为楷模，就会不断激励自己向更高的思想境界攀登。俗话说：“榜样的力量是无穷的。”学习先进人物，可以从历史上学习，也可以从现实中涌现出来的大量英雄人物身上吸取高贵的品质，更要注意学习身边先进典型的精华。学人之长，补己之短，特别是同龄人的先进事迹更发人深省。因为其所处的时代、环境差异并不大，主要是努力程度的不同。

4.掌握批评的武器，发扬“慎独”精神

思想品德修养，必须理论联系实际。思想品德修养的过程，主要是自我意识、自我监督、自我教育的过程，它要求人们对自己要进行正确的评价，即正确认识自己有哪些长处，有哪些短处。优、缺、长、短对一个人来讲是客观存在的，只有正视这些问题，严于剖析自己，才能不断发扬优点，不断克服缺点。也就是说要有勇于自我批评的精神，像扫把经常扫地，灰尘才能清除；而对别人的缺点错误，则应抱着负责、实事求是的态度，诚恳指出。同时，别人对自己的批评，自己应该虚怀若谷，认真进行反省。修养贵在自觉，应提倡“慎独”精神。最隐蔽的东西最能看出人的品质，最微小的东西最能显出人的灵魂。所以，君子在独自一人，无人监督时，总是非常小心谨慎，不做任何不道德的事。“慎独”精神是可贵的，是一种较高的思想品德修养境界的表现，需要从防微杜渐，培养自觉自我改造开始。

5.思想品德修养与学习遵守校纪、校规相结合

一个人的思想意识修养，主要是通过理论和实践的结合才能收到应有的效果。通过理论的学习，能动地指导修养；通过实践，检验修养的效果。而法律、法规，则是从理论与实践的结合上去指导人们进行思想、意识行为的修养，是对人们的越轨行为的制约。高职生在学校里，应该认真学习，模范地贯彻执行学校所制定的一切规章制度。因为这些规章制度是密切结合高校的实际情况而具体地贯彻执行法律、法规的行为准则，是保证高校贯彻执行党的教育方针的需要，是促使大学生朝着有理想、有道德、有文化、有纪律方向健康成长的需要。

### （二）增强法律意识，提高法律素养

法律意识是公民理解、尊重、执行和维护社会主义法律规范的重要保证，公民的遵纪守法行为不会自然产生，而是在一定法治观念、法律意识的指导下实现的。公民一旦具备了社会主义法律意识，就会做到不仅不犯法，而且能积极维护法律的尊严。高职生树立法律意识，是现代化法治建设的要求，也是成为一名合格的社会主义接班人的必要条件。而作为高职生应当具备哪些法律意识呢？

1.培养依法办事的思想观念

不仅要遵纪守法，而且要监督社会主义法律的遵守和执行，坚决同一切违法犯罪行为作斗争，使社会主义法制得以真正实现。

2.培养宪法和法律具有最高权威的观念

树立法律权威即尊重宪法和法律的权威。任何个人和机关、组织都不具有超越于法律之上的权力，都必须依法办事，坚决反对“权大于法”“人情大于法”的法律虚无主义观念。必须认识到自己在国家生活中所处的地位，无条件地服从和遵守国家的宪法和法律。

3.培养权利义务相一致的观念

法律最主要的精神是强调权利与义务的统一性。公民要正确对待权利义务关系，既要依法行使法律赋予公民的权利，也要履行法律赋予公民的义务，形成正确的公民意识，以社会主义法律为武器，捍卫自己的正当权利，在享有个人所拥有的权利时，不能忘记尊重和承认他人的合法权益，也不忘履行自己的义务。同

时，应杜绝一切不劳而获的错误思想，培养只有付出才有收获的良好观念。

4.培养法律与自由相统一的观念

我国宪法和法律从各个方面规定了公民的权利和义务，人们在法律规定的范围以内，有着极为广阔的自由活动天地。公民在行使自己权利时要慎重考虑自己的言论、行为的社会效果，不得损害国家、集体的利益和其他民众的合法权益。应树立与社会主义民主与法治密切联系的自由观，珍惜和维护安定团结的局面。

作为当代高职生，应当积极主动地了解我国的宪法、刑法、民法等相关的法律制度，避免自己的日常行为触犯法律，关注发生在周围的法律案件，增强自身的法律意识，自觉地远离犯罪。

**（三）增强自我防范意识，预防犯罪**

高职生的自我防范意识差是导致校园犯罪现象时有发生的主要原因。因此，要提高自我防范意识，不给犯罪分子提供可乘之机。

1.强化防范犯罪被害的风险意识

牢固树立犯罪被害风险防范意识是高职生做好被害预防的基本前提。而要想切实做到这一点，高职生就要对自己可能由潜在犯罪被害人演变成现实犯罪被害人的各种主客观因素能够及时准确地自我认识、自我警惕和自我控制。从理论上而言，每个人都是潜在的被害人，但每个人也都能积极地防止自己成为犯罪行为的侵害对象，防与不防在遭受犯罪侵害的实际结果上会有很大差别。因此，在被害前对预防被害有明确的意识，时存“防人之心”，就是最积极有效的预防。被害预防的实质正是需要潜在犯罪被害人主观上的“觉醒”，从而使其在实践中不断纠正自己的行为，进而使自己远离被害的境地。

2.严密注意回避易被害时空，远离易被害境地

被害现象并不是在任何时间任何地点都均衡分布的，犯罪被害存在着时间分布和空间分布上的特点。针对易被害的高发时段和空间环境，高职生应当自觉矫正自己的生活方式，改进自己的行为模式，减少易被害时段的非正常或非必要活动，时时警惕身处的复杂环境，主动规避“被害临界”，从而有效地防止自己从一个潜在被害人演变成为现实的被害人。

3.要不断增强被害自卫能力，学会自救

在多数情况下的被害人是否进行自卫，很大程度上不是取决于体力的大小，而是取决于进行自卫的勇气和能力。被害人适当而有效的拒绝和反抗行为，常常会遏制犯罪升级，而一味地顺从、容忍往往会助长犯罪人的犯罪欲望。当然，有时候拒绝和反抗也可能引发犯罪恶性转化，这就需要被害人针对不同情形的犯罪而灵活应变。概括地说，学会自卫和自救，就是要求被害人能够冷静考虑被害情

境，不失时机地用自己的智慧来与加害人进行较量，以制服加害人或赢得呼救和逃离的机会。比如，遭遇暴力侵害的被害人，可以采取虚张声势、声东击西、交谈等机智灵活的方法来转移加害人的注意力，迫使犯罪人中止或减轻对自己的侵害；在遭遇抢劫、敲诈等侵财型犯罪时，切记要以保证生命安全为第一要务，或采取权宜之计放弃财产，或假意配合与犯罪人巧妙周旋而伺机逃脱或报警等。

## 第五节　遵守校规校纪

### 一、高职生违规违纪现状

学校作为大学生在校学习、工作、生活的负责者，在针对学生的管理上拟定了相关的规定，在大批德才兼备的优秀学生茁壮成长的同时，也有极少数学生放松了对自己的要求，无视道德规范，违反校规校纪。这已充分引起了学校、社会、家庭等各方面的极大关注。

#### （一）高职生违规违纪现象的主要表现

1.逃课现象司空见惯

大部分高校明确规定实行请销假制度，但部分学生仍然是我行我素。无故旷课的现象屡禁不止，并且随着高职生课外活动、社团活动及社会社交活动的增多，他们适应并掌握了某些规律，逃课现象愈演愈烈，有的同学以各种借口逃课，少则几天，多则十几天，甚至还会多达数月。

2.考试作弊屡禁不止

高逃课率造成的一个直接后果就是考试作弊现象增多。部分高职生的自我约束能力较差，平时不认真学习，得过且过，考试只得作弊，以图蒙混过关。

3.谈恋爱渐呈普遍化

高职生在校期间谈恋爱已不是个别现象。谈恋爱开始呈低龄化、大众化趋势。对于道德范围内的正常恋爱暂且不论，值得忧虑的是，恋爱中的学生因缺乏自我约束能力而发生性行为的比例正在增大，由此引发的打架斗殴、自杀及各种心理疾患也越来越多。

4.盗窃现象时有发生

在高职院校里，盗窃钱财、衣服、自行车、电视、电脑的现象并不罕见，有的学生联合社会上的人员，利用学生上课时间，对学生宿舍进行“地毯式”偷窃。

5.打架斗殴现象增多

除了经学校审查批准成立的各种社团组织外，还有名目繁多的由学生自发成立的“同乡会”等。它们大都活动频繁，吃喝风气严重，且时常发生群殴事件，影响学校的安定局势。

### （二）高职院校生违规违纪的原因

1.世界观、人生观、价值观不成熟，理性思维和自我控制能力较差

低年级学生从中学进入高职院校，对高职院校的学习、生活特点不能很快适应。青少年在中学受到家长、老师的严格管教和约束；而高职院校是一种宽松式、引导式的教育管理，老师不可能深入每个环节，所以对学生有一些“放任”。相对来说，一年级学生还存在着一些拘束，到二年级就有了明显的分化，部分学生世界观、人生观、价值观不成熟，遇到一些事情往往会缺乏理性，不能控制自己的情绪，在一些场合容易发生违纪行为。违纪学生往往说“是我错了，我一时糊涂……”这些学生经过冷静、理性的思考之后，常常会后悔莫及。

2.学习目的不明确，学习动力不足

一些学生通过竞争进入大学后，高考压力已经消失，进入了暂时的迷惘期，失去了奋斗目标，很容易受网络迷惑，学习、生活比较散漫，缺乏上进心和竞争意识，所以考试作弊、旷课等违纪事件屡禁不止。

3.遵纪守法意识淡薄，法纪观念不强

在应试教育的驱动下，从学生到家长都只注重分数，而忽略了法律和道德方面素质的培养。不少学生在中学时，为了考大学，把全部精力都放在了学习上，很少关心校纪校规和法律规定，这造成了不少学生的纪律意识和法律意识淡薄。上大学后，学生全部住校学习，为了安全和稳定，学校对学生的各种管理制度较多，而学生的课余时间相对比较充足，不少学生在这种宽松的学习环境下，对校纪校规漠视，放松对自身的约束，因违纪受到处分。

4.自我克制能力弱、心理承受能力差、容易冲动

高职院校生辨别是非、自我控制的能力虽然有所提高，但他们活泼好动，遇事往往会从哥们儿义气出发，所以容易出现冲动行为。这也是高职院校生打架斗殴、偷窃等违纪现象发生的原因。

5.缺乏良好的行为习惯，道德水准较低

高职院校生中也有个别学生学习成绩较好，但道德品质低下，他们虽然进了高职院校校园，却干些像吸毒、盗窃、留宿异性等与高职院校生身份极为不符的违纪事件。这类学生及事件虽然较少，但影响极为恶劣，引起了学生的极大反感。

### （三）高职院校生违纪所产生的不良后果

从国家社会角度看，高职院校生违纪荒废学业损害了国家的利益，浪费了国家有限的教育资源。

从个人角度看，违反纪律荒废学业浪费了自己的青春年华，辜负了父母的期望，造成了家庭经济的损失。

## 二、高职院校生如何遵守校纪校规

### （一）高职院校生纪律修养的基本要求

构建绿色和谐校园，遵守校规校纪是最基础又是最重要的一步。勿以善小而不为，勿以恶小而为之，遵守校规校纪需要高职院校生从身边一点一滴的小事做起：在教学楼和图书馆里，请轻来轻去；面对为自己周到服务的工作人员，请报以真诚的微笑；当遇见老师时，请满怀感恩地向老师问好；当同学陷入困境时，请热情地伸出援助之手。这些一个个看似不经意的细小举动，其实就是在谱写校园绿色协奏曲的过程中最和谐的音符。

纪律不仅是保证学校教学、科研和各项工作顺利进行的重要条件，而且关系到一代新人高尚品德的形成。培养高职院校生自觉遵守纪律的优良品质，是高等学校的一项重要任务。广大学生应提高遵守纪律的自觉性，增强纪律修养，从以下几点出发，做遵守纪律的模范。

1.不断增强纪律观念

首先，要从思想上真正地认识到纪律的极端重要性。只有认识到纪律的极端重要性，并使之成为一种内在的要求，才能去自觉地遵守纪律。

其次，要认真学习法律法规和学校的规章制度，树立法治观念和纪律观念，知道哪些是应该做或可以做的，哪些是不应该做或不可以做的。

最后，要正确处理自由与纪律的关系，培养自己管理自己、自己约束自己的能力，培养严于律己、自控自制的坚强意志，做到在任何情况下，思想上不忘纪律观念，行动上不违反各项纪律和规章制度。

2.努力提高思想觉悟

遵守纪律的自觉性，是以高度的思想觉悟为前提的。不遵守纪律的人，往往会强调自我利益、自我需要，以个人的理由作为违纪的借口，这正是一种思想觉悟不高的表现。一个具有大公无私、全心全意为人民服务的崇高人生目的的人，他的所作所为，首先想到的是他人和集体，自然就不会做出违反纪律的事情。

3.努力加强道德修养

一个人道德水准的高低对遵守纪律与否关系极大。很难想象，一个道德低下的人会成为遵守纪律的模范。实际生活中，一切违反纪律的言行，实际上都是不道德的表现。加强道德修养，最根本的是要树立共产主义的道德观，用共产主义道德标准来规范自己的行为，使自己成为一个有道德、守纪律、有益于人民的人。

4.遵守纪律贵在实践

良好的纪律修养是从自我做起、从点滴做起养成的。只有在日常生活中，经常用各种纪律规范作为自己的行为准则，严格约束自己，自觉锻炼自己，处处自尊、自重、自爱，防微杜渐，身体力行，才能真正成为遵守纪律的模范。

5.敢于同违反纪律的行为作斗争

纪律是集体的灵魂，是维持正常的教学和生活秩序、创造良好成才环境、培养合格人才的可靠保证。维护组织纪律，人人有责，大学生要敢于同各种违反纪律的行为作斗争，对违纪行为及时进行揭发，共同维护正常的校园秩序。

### （二）高职院校生在校期间必须自觉遵守纪律规范

社会主义高等学校的根本任务就是按照党和国家的教育方针，坚持立德树人，把学生培养成有理想、有道德、有文化、有纪律的德、智、体、美、劳全面发展的社会主义建设者和接班人。“有纪律”是“四有”的重要内容之一，它既是合格人才素质的重要标准，也是大学生成才的重要保证。高职院校生要立志成才，就必须全面培养自己的思想道德素质、业务素质、文化素质和身体素质，而这些素质的培养，除必须有良好的纪律教育和严格的纪律环境外，最根本的是靠个人自觉的纪律修养。可见，纪律并不是限制成才的锁链，而是促进成才的重要条件。高职院校生只有把纪律与成才有机结合，自觉地进行纪律修养，才能早日到达成才的彼岸。

在国家法规的基础上，各高职院校一般都结合自己的实际情况，制定了一系列具体实施的纪律规范，主要有以下几个方面。

1.学籍管理规定

学籍管理规定主要内容包括：入学与注册，成绩考核与记载办法，升级与留级、降级，转专业与转学，休学与复学、退学，奖励与处分等。这是高职院校生必须学习和掌握的与学习、学业和前途密切相关的有关规定。

2.学生考试规则

学生考试规则是对大学生考试的规范性要求，是每个高职院校生必须了解并牢记心中的。

3.学生请假和活动审批制度

学生有病或有事，学校允许学生请假，但必须履行相应的请假手续。集体外出实习、旅游、游泳、举办各类活动等都要进行活动审批。

4.课堂纪律规定

课堂纪律规定是对学生上课时礼仪、行为举止的基本规范，是保证课堂纪律的重要规则。

5.学生住宿管理规定

学生宿舍是学生学习和生活的重要场所，是培养基础文明和修养的重要阵地，每个大学生都必须遵守学生宿舍的管理制度，保证宿舍的安静、卫生、整洁，节约水电、安全用电，按时作息，不晚归、不私自外出租房。

6.安全稳定方面的纪律

安全稳定方面的纪律是为了加强对学生的安全教育，引导学生培养安全意识，维护国家安定，维护校园稳定的制度。

7.诚信、公益和文明行为方面的要求

诚信、公益和文明行为方面的要求是为了培养学生的诚信观念和奉献意识，培养大学生应知晓的文明礼仪，引导学生成为合格的社会公民，主动承担起社会责任。

### （三）高职院校生应在和谐校园建设中发挥应有的作用

高职院校生是高职院校校园的主体，是高职院校校园的最重要组成部分，构建和谐校园的任一举措都与学生有着密切的关系。例如，建立好的学风、校风离不开高职院校生的优良表现；形成良好的师生关系、学生关系离不开学生参与和奉献付出等。因此，构建和谐校园需要学生提高思想素质，发挥自己特有的作用。

1.加强自身修养，从自己做起，大力强化爱校意识，维护校园和谐环境，促进和谐校园建设。

（1）杜绝“课桌文化”，不在公共场所乱贴乱画。

（2）购物、买饭排队时，不要乱成一团或乱插队，日常生活中不浪费粮食。

（3）上课关掉手机或调到静音，营造和谐的师生关系。

（4）不在宿舍内喧哗吵闹，以免影响他人休息。

（5）爱惜校园内的一草一木，不随意践踏。

（6）遵纪守法，维护校园良好治安秩序。

（7）男女生文明交往，不在公共场合做出不合规范的举动。

2.妥善处理各种关系

（1）师生关系。师生间的主要矛盾是教师通过课堂讲授和行为示范对学生施加教育影响与学生能否接受的矛盾。师生关系是构建和谐校园所应关注的重要内容，以情感为基础，沟通思想，建立一种心理相融的新型师生关系十分必要。

（2）学生之间的关系。作为共同的受教育者，学生与学生有着很多共同的利益，但由于学生的思想状况复杂，性格差别大等原因，彼此之间也容易引发矛盾。要珍惜同学间的友情，遇事要多考虑，从大处着想，尤其要站在对方的立场上想。发生不愉快的事情，一定要检讨自己，宽容别人，绝对不能由一般的口角发展成为打架斗殴等事件。这样，构建和谐校园的愿望才会实现。

3.乐于助人，发扬奉献精神；热爱集体，发挥集体主义精神

（1）互帮互助，团结友爱，在别人遇到困难、挫折时及时施以援手。

（2）积极参加各种志愿活动，为社会、学校、群众开展无偿服务，勇于奉献。

（3）把集体利益放在个人利益之上，遇事多为集体考虑。

4.加强社会主义公德修养，践行社会主义核心价值观

要认真践行社会主义核心价值观，坚持知行合一，积极开展道德实践活动，把道德实践融入学习生活中。

# 第五章　新时代高职院校学生职业能力发展的创新研究

## 第一节　高职生的就业能力及其培养

### 一、学生就业能力的内涵

就业能力是直接反映高校办学效益、学生竞争能力、社会市场对高校评价及其毕业生择取标准的评价参数。学生就业能力会直接影响社会对高校的评价及用人单位对毕业生的评价，折射出高校的办学效益。

#### （一）学生就业能力的概念

就业能力是指学生在校期间通过知识的学习和综合素质的提高而获得的能够实现就业理想，满足社会需要，在社会生活中实现自身价值的本领。

就业能力有宏观层次和微观层次上的概念。宏观层次上，就业能力指学校培养的学生受人力市场的青睐程度，也是学校和培训机构长期生存的重要基础，最直观的表现就是学校的就业率水平。微观层次上的就业能力则是指毕业生所具备的包含基本知识、技能、身体素质和其他相关能力的总体。来自个体层面的微观层次上的就业能力综合反映了一个学校和培养机构在宏观层次上的就业能力。

#### （二）学生就业能力的构成

就业能力是一种综合能力，它具体包括哪些能力，至今仍无定论。虽然国内外学者的研究，基于各国经济发展的不同状况，对就业能力构成的侧重点有所不同，但基本的观点还是一致的，即认为就业能力是多种能力的集合，是一个综合的体系。笔者结合学生群体的特征，即接受高等教育、面临择业、即将走向社会的实际情况，认为学生就业能力体系主要包括五个方面的内容。

（1）基础性能力，主要包括适应环境、人际交往、团队协作、外语和计算机运用、普通话、承受挫折和情绪控制等方面的能力，还包括良好的思想道德、责任心等。

（2）专业性能力，主要包括专业知识、职业岗位所需的特殊技能以及专业素养等。

（3）实践性能力，主要包括理论知识应用、组织管理、任务理解和执行、项目策划等方面的能力。

（4）求职能力。求职是对自身实力、信心和综合素质的运用，良好的求职技巧可以帮助学生顺利就业。求职能力包括就业信息进行收集与处理、择业定位、自我表达、自我推销、职业规划等方面的能力。

（5）发展性能力，主要包括自主学习、创新创业、决策判断、把握机遇等方面的能力。

## 二、大学生就业能力的培养

就业能力并不是与生俱来的，它需要通过后天的学习和实践来逐步培养和提高。在严峻的就业形势下，在校大学生应该充分利用大学阶段这个承前启后的关键时期，有意识地培养和提高自身的就业能力，使自己在未来的就业竞争中能够立于不败之地。对于学校而言，应转变培养目标与模式、调整专业设置、加强实践性教学以及加强大学生就业指导；对于政府而言，应加强就业政策的支持和引导、加强对高校办学的宏观指导、健全实习制度以及校企合作培养机制以及建立与完善大学生就业服务市场。对此，可从以下几点入手。

### （一）从大学生的角度出发

1.做好个人的职业生涯规划，是提高就业能力的基础

对于许多毕业生来说，与其说是“就业困难”，不如说是“就业迷惘”，即无就业目标或不明确。对自己的大学生活缺乏科学合理的规划，往往成为大学生面对就业压力时手足无措的一个重要原因。因此，大学生应该意识到，大学生活是学生职业生涯的第一站，对这一阶段进行科学合理的规划，对学生的整个职业生涯发展起着至关重要的作用。在学校期间，一是要树立正确的职业理想，二是要正确地进行自我分析和职业定位，三是要构建合理的知识结构，四是要培养就业所需要的能力。除了构建合理的知识结构，还需具备从事本行业岗位的基本能力和专业能力。只有将合理的知识结构和适应社会需要的各种能力统一起来，才能使自己立于不败之地。

2.有意识地培养社会适应能力，是提高就业能力的关键

社会适应能力是指人为了在社会中更好地生存而进行的心理上、生理上以及

行为上的各种适应性的改变，与社会达到和谐状态的一种执行适应能力。简单地说，社会适应能力就是指在各种环境中驾驭自我的心理、生理的调节能力。由于缺乏工作经历和生活经验，学生就业时由“学生”向“职业人”角色转变慢、适应的过程长。一些企业在招聘应届毕业生时，在同等条件下，往往会优先录用那些曾经参加过社会实践、有过班干部或学生会干部经历的学生。

对社会和环境的适应应该是积极主动的，而不是消极的等待和却步。学生只有具备较强的社会适应能力，走入社会后才能缩短自己的适应期，充分发挥自己的聪明才智。这就要求在校的学生，要在不影响正常学业的前提下多与社会接触，利用打工、兼职、促销、生产实习等各种途径和渠道，主动地去培养和提高自身的社会适应能力。

3.培养良好的心理素质，是提高就业能力的保证

当代大学生在求学期间，只注重对专业知识、专业技能的学习，而忽视了对自身心理素质的培养，尤其是对自信心的培养。在这样的情况下，一些人在面对困惑或逆境时，会表现出茫然、焦躁和畏惧，从而影响到自己的学习、生活和工作。尤其在求职过程中，有些学生一旦遭遇失败，便一蹶不振，甚至对面试都产生了恐惧心理，这也是大学生就业难的原因之一。

就大学生自身来讲，应从以下几个方面入手，努力培养自己的良好的心理素质：

（1）在掌握知识的基础上培养提高各方面能力。

（2）培养优良的非智力因素。

（3）维护和增强心理健康。

面对严峻的就业压力，学校要加强学生的职业心理健康教育。学生在求职过程中所产生的恐慌、焦虑等心理问题日益突出，对此学校既要开展团体职业心理咨询，也要根据学生个体差异来开展个体心理辅导，使学生保持健康的择业心态，从而提高自己的就业能力。

4.掌握正确的求职方法和技巧，是提高就业能力的捷径

凡事都讲究方法和技巧，求职也不例外。职场犹如战场，隐含着一场场不见硝烟战火的打拼。“不打无准备之战”，每一位想赢得最后胜利的求职者，只有做好充分的求职准备，注意运用恰当的求职技巧，才能心想事成。正确的求职方法和技巧是就业能力的一个重要组成部分，更是帮助学生实现顺利就业的可靠保证。在大学学习期间，在毕业寻找工作之前，学生就应该掌握就业信息的收集、筛选的方法和原则、求职材料的撰写技巧等，并尽可能地寻找实践这些方法和技巧的机会，使自己在真正求职时能够胸有成竹。例如，学生应该要熟悉常见的就业心理偏差及调适方法，理解撰写求职信的禁忌，熟悉简历的形式和投送方式，掌握

面试前的准备和面试过程中的注意事项，掌握笔试前的准备和笔试的技巧等。

### （二）从高校的角度出发

关注高校毕业生就业能力的开发，成为当前一个紧迫的问题。作为人才培养机构的高校在提升毕业生就业能力方面具有不可推卸的责任。高校应高度重视用人单位对人才的需要和要求，培养学生的就业能力，为学生成功就业作准备。

1.帮助学生树立职业意识，制定和落实个人职业生涯发展规划

高校应建立与完善以职业规划和就业咨询为核心的就业指导机制，建立与完善政府、学校、企业积极参与，共同提升学生就业能力的“三位一体”培训机制，强化对学生就业能力的培养，构建科学的课程体系。就业能力的培养应贯穿整个大学阶段，并渗透到专业教学中去。

2.把大学生就业能力培养纳入高校培养目标，促进高校教育教学改革

高校作为大学毕业生的培养机构，对于大学生就业能力的培养具有不可推卸的责任。

3.加强高校与用人单位之间的联系，共同培养大学生的就业能力

高校对大学生就业能力的开发和提升，只有满足社会和用人单位的需要，才有可能会得到用人单位的认可，使大学生成功就业。要做到这一点，必须加强高校和用人单位之间的联系和合作，使两者共同培养大学生的就业能力。

4.加强大学生就业指导课课程建设，提升就业能力

就业指导课是高校课程体系中的一门新课，其目的是使学生在正确的世界观、人生观和价值观的引导下，树立自己的人生目标，规划自己的职业生涯，养成良好的学习习惯，形成强烈的创新意识、熟练的实践技能和扎实的专业功底，为就业打下坚实的基础。加强大学就业指导课课程建设，必须以发展的理念，明确就业指导课的意义和特征；用系统的方法来规范就业指导课的内容体系；以创新思维来设计就业指导课课程建设的基本思路，从而从教学过程的视角，深层次地、理性地认识大学生就业指导工作的规律和实践模式。

5.构建完善的高校就业服务体系

第一，在就业指导服务上必须强调全员化。在服务的对象上必须强调全员化。高校就业服务体系的构建，必须以“科学发展观”为指导，确立“以学生为本”的理念，应当是一切为了学生，为了一切学生。在就业服务的目标的确立上、在就业服务的内容和形式上应体现“以学生为本”，为全体毕业生服务。在就业指导服务的组织上必须强调全员化，要真正落实就业工作“一把手”工程，要成立以校长为组长，分管学生工作的党委副书记为副组长，各职能部门与院（系）的主要负责人为成员的毕业生就业工作领导小组。要构建“校院两级，以院为主”的

毕业生就业服务工作体制。另外，要发挥校友的作用，利用校友的力量来做好毕业生就业信息的收集、就业岗位的推荐，还要动员全校教职员工参与毕业生就业工作，制定相应政策并予以引导与鼓励。

第二，在大学生就业服务课程体系的设置上必须强调全程化。大学生就业指导具有鲜明的全程性，应贯穿学生大学生活的始终。教育内容要由浅入深，循序渐进，做到个性化、系统化、科学化、规范化。大学新生的“就业教育”，主要是引导学生融入大学，使其适应大学新的环境，了解大学培养人才的目标和要求。大学中年级的就业指导，重点是教育学生根据自己的职业目标，积累自己的才干，要围绕自己的职业目标不断在知识方面、能力方面、素质方面完善，抢抓机遇，尽早成才。临近毕业的大学生，其就业教育主要是端正心态，立业报国，帮助他们正确认识社会的发展需要和就业形势；介绍全国及地方就业形势和就业政策；完善信息沟通渠道，收集发布就业信息，达到信息准确，渠道畅通；传授求职、应聘的策略技巧及应注意的问题。全程化的就业服务课程的设置要求高校教学管理部门应把就业服务指导课程纳入教学计划，并有计划地来分阶段实施，做到将整体性和阶段性结合，将实用性和综合性相结合，并体现课程教学形式的多样性。

第三，就业渠道拓展上必须强调多元化。一是积极引导毕业生面向基层就业，特别是要鼓励他们到城乡基层、中西部地区、非公有制企业和中小企业中去就业。二是探讨“订单式”培养模式，改革教学方法，更新教学内容，促进人才培养与就业市场紧密结合。“订单式”培养不仅可以为企业培养适销对路的人才，也可以拓宽毕业生就业的新空间。三是加强就业基地建设，为毕业生进市场就业搭建平台。

### （三）从政府的角度出发

政府应积极制定促进大学生就业能力发展的政策。第一，应制定建立国家就业能力框架的政策。应从政策层面，将包括大学生群体在内的就业能力纳入国策。第二，应从政策层面要求将大学生就业能力纳入高等教育课程体系。我国高等教育机构在课程设计中应涵盖就业能力内容，并通过政策指引，强化就业能力理念，切实提高大学生的就业能力。第三，政府应制定鼓励性政策。支持和鼓励用人单位和社会职业培训机构与高校合作培养大学生的就业能力，如向与高校实现大学生就业能力培养工作对接的用人单位和社会职业培训机构提供税收等政策支持，以此来加快大学生就业能力培训的路径建设。

## 第二节　大学生职业规划的实施

### 一、职业规划的概念

职业规划，又叫职业生涯设计，是指将个人与组织相结合，在对个人职业生涯的主客观条件进行测定、分析、总结的基础上，对自己的兴趣、爱好、能力、特点进行综合分析与权衡，结合时代特点，根据自己的职业倾向，确定最佳的职业奋斗目标，并为实现这一目标作出行之有效的安排。

职业规划的目的绝不仅是帮助个人按照自己的资历条件找到一份合适的工作，实现个人目标，更重要的是帮助个人真正了解自己，使其为自己定下事业大计，筹划未来，拟定一生的发展方向，根据主客观条件设计出合理且可行的职业生涯发展方向。需要指出的是，对大学生来说，进行职业生涯规划并不意味着过早地把自己的人生用条条框框限制住，而是要去发现什么是自己真正想要的，使自己树立适当的目标。这样，在实现目标的过程中，他们才能更有动力为了自己的目标解决遇到的困难。

职业生涯规划并不是一次性的，也并不是确定了目标则无法更改，而是要根据各种主客观条件进行评估和调整，甚至当职业目标受挫时要及时转换方向和路径。此外，职业生涯规划本身并不需要立刻确定自己的职业目标，甚至是一辈子的职业，职业生涯规划更多的是一个探索和发现自我的过程，只有在充分尝试、充分了解的基础上才能通盘考虑自己的职业目标和需求。

### 二、大学生职业规划的意义

大学生职业规划的意义可归结为以下几点。

#### （一）有利于明确人生奋斗目标

职业生涯规划或再规划，简言之就是对人才和职业进行匹配的规划与再规划的过程。职业生涯本身就是一个动态的不断发展的变化过程。职业规划不是应变之策，而是经营未来。有效的职业规划，有利于明确人生未来的奋斗目标。一个人的事业究竟应向哪个方向发展，可以通过制订职业生涯规划使之明确起来。只有明确的目标，才能激励人们去奋斗，并积极创造条件去实现目标。事实也证明，不少人由于对自己的职业生涯毫无计划，目标不明，从而造成事业失败，这并不是他们没有足够的知识和才能，而主要原因在于他们没有设计适合他们成长与发展的职业生涯。

### （二）有利于明确就业方向

在激烈的职业竞争中存在着巨大的个体差异，只有那些喜欢某些职业同时又具有较明显的竞争优势的人，才能在喜欢、擅长、有优势的职业中取得成功，使自己得到快乐和满足，这是职业生涯规划的最基本原则——人职匹配原则。人职匹配理论是择业过程中比较实用的一种指导性理论，特别是对当代大学生来说，其择业的过程就是人才资源进行合理配置的过程，它可以帮助大学生做好个性化的职业生涯规划，深挖个体潜能，并且能培养大学生的正确择业心态，使其能够在五花八门的职业类型中作出合理的选择，促进其职业生涯发展。

### （三）有利于增强就业竞争力

简单地说，大学生职业规划就是确定职业发展的大方向。它所能解决的问题是：我是什么样的人？我适合选择什么样的目标和道路？我有哪些优势？我还需要弥补什么？以我的能力，我能达成什么样的目标？其中，就职业规划而言，目标的选择和确定是最重要的；就大学生而言，就业的成功还与自身素质、能力、水平密切相关。因此，大学生作为一个处在职业生涯准备阶段的人，根据目标进行相关知识的学习、能力的训练、水平的提高是非常重要的。

### （四）有利于缩短就业时间

俗话说，万事开头难。作为职业生涯规划的第一步，职业方向定位具有其无法忽视的重要意义，因为它是人们在今后的职业道路上前进的基本保证。从长远的职业发展与职业安全的角度来看，大学生事先花些时间与精力找到真正适合自己的职业方向，避免“入错行”的风险，是很值得的。

## 三、大学生职业规划的基本步骤

大学生职业规划是一个长期的连续过程，需要设计一套程序来保证它的顺利实施。一般认为，需要经过以下几个基本步骤。

### （一）确定走向

俗话说：志不立，天下无可成之事。纵观古今中外，各行各业的佼佼者都有一个共同的特点，就是都具有远大的志向。立志是人生的起跑点，反映着一个人的理想、胸怀、情趣和价值观，影响着一个人的奋斗目标及成就。所以，立志是进行生涯设计的关键。

### （二）自我评估

自我评估就是对自己作全面分析，通过自我分析，认识自己、了解自己。因为只有认识了自己，才能对自己的职业作出正确的选择，才能选定适合自己的职业生涯路线，才能对自己的职业生涯目标作出最佳的抉择。因此，自我评估是职业生涯设计的重要步骤之一。通常来说，自我评估包括自己的兴趣、特长、性格、学识、技能、智商、情商以及管理、协调、活动能力等。

自我评估涵盖了很多内容，在思考与职业相关的问题时，需要聚焦的问题是职业性格、职业兴趣、职业能力、职业价值观。

1.职业性格

在大学生的职业生涯规划中，最基础的工作就是要知己，即全面了解自己。自我了解的重要内容是了解自己的性格。性格与职业选择的关系非常密切。在选择职业的时候，要仔细分析自己的性格是否适合自己要从事的职业。性格在某种程度上也可以反映人对工作、对职业的态度，直接影响职业的选择和职业成就感。人的性格千差万别，或热情外向，或羞怯内向，或沉着冷静，或火暴急躁。心理学的研究表明，不同的职业有不同的性格要求，虽然每个人的性格都不能百分之百地适合某项职业，却可以根据自己的职业倾向来培养、发展相应的职业性格。对企业而言，每个员工的性格特征决定了其工作岗位和工作业绩；对个人而言，职业性格决定着自己的事业能否成功。

2.职业兴趣

兴趣是人们力求认识、掌握某种事物，并经常参与该种活动的心理倾向，也是人们积极研究某种事物的认识倾向。职业兴趣是兴趣在职业选择活动中的表现，它体现了职业的多样性和复杂性，以及与从业人员个性的多样性和复杂性之间的相互影响。通过对职业兴趣的分类，可以将个体归属到不同的职业兴趣中，从而使个体找到其适合的职业。

兴趣对大学生职业生涯规划的影响主要体现在三个方面：

（1）兴趣影响职业选择。兴趣是最好的老师，是一种强大的精神力量，它可以使人集中精力获得所喜欢职业的知识，启迪人的智慧，使人创造性地开展工作。

（2）兴趣影响工作效率。哈佛商学院曾做过一个研究，发现在长期工作中，兴趣是激励行为的重要动力。如果一个人对从事的工作有浓厚的兴趣，就能发挥自己全部才能的80%~90%，而且工作效率较高，不易疲劳；而如果一个人从事不感兴趣的工作，则只能发挥自己全部才能的20%~30%，而且容易感到疲劳。

（3）兴趣影响职业稳定性和职业满意度。从事自己感兴趣的职业，工作满意度较高，由此对工作单位和工作职位的满意度较高，因而工作的稳定性也高。

职业兴趣测验是对职业指导有直接用途的工具之一。约翰·霍兰德于1959年提出了具有广泛社会影响的职业兴趣理论。他根据本人大量的职业咨询经验及职业类型理论编制了“霍兰德职业兴趣测试”。他认为根据个体对职业的兴趣，可以分为实用型、研究型、艺术型、社会型、企业型和事务型六种类型。他的理论现在广泛应用于职业兴趣测试中，对于个人升学、就业具有重要的指导作用，已成为众多职业咨询机构采用的重要工具之一。

3.职业能力

职业能力是人们从事其职业的多种能力的综合。我们工作中的自信心和安全感，基本来自我们所掌握的技能。但是，知道某种职业能力并不代表拥有这种能力，拥有这种能力也不代表一定会把工作做好。在工作中，每个人的职业能力特点是不同的。例如，有的人不善于表达，但善于解决实际问题；有的人口齿伶俐，但文字表达不尽如人意。当然，每种职业所需要的能力也是不同的，很多职业都需要从业者具备多种职业能力。

职业能力主要包含三个基本要素：一是为了胜任某种具体职业而必须具备的能力，表现为任职资格；二是进入职场以后表现出的职业素质；三是开始职业生涯之后具备的职业生涯管理能力。如果说职业兴趣决定了一个人的择业方向以及在该方面想付出努力的程度，那么职业能力则能说明一个人在既定的职业方面是否能够胜任，也能说明一个人在该职业中取得成功的可能性。

4.职业价值观

职业价值观通常是指人生目标和人生态度在职业选择方面的具体表现，也就是一个人对职业的认识和态度以及他对职业目标的追求和向往。每个人都有自己独特的职业价值观和价值体系。人的价值观一旦形成，便会相对稳定，但当个体和外界环境发生较大变化时，职业价值观也会发生相应的改变。职业价值观还具有阶段性，当自身的需求得到满足后，个体就会产生更高层次的需求，因而职业价值观也具有阶段性。当然，每个人并不是只有一种职业价值观，一个人的职业价值观是一个完整的体系，它包含着多个职业价值观。例如，在择业时，一个人可能既看重工作的稳定性，又希望有高收入，因而常常感到苦恼。

由于每个人身心条件、年龄阅历、教育状况、家庭影响、兴趣爱好等方面的不同，对各种职业也有着不同的主观评价。每种职业都有各自的特性，不同的人对职业意义有不同的认识，对职业好坏有不同的评价和取向，这就是职业价值观的具体体现。

在职业生涯规划的过程中，对自己的职业价值观能有清晰而明确的认识，则在职业决策的时候也就更加明确。职业价值观能够反映出个体在工作中最看重什么，最想得到什么和最不在意什么。如果职业价值观与工作相吻合，那么在工作中个人就会更加真心努力和奋斗，工作满意度也就越高；反之，当价值观不清晰时，个人反而可能会陷入迷惘、混乱的状态。

职业规划的自我评估，需要一定的方法和途径。具体如360°评价法、专业测评和咨询、参加实践。家人、朋友等与我们朝夕相处，有时会发现我们自己无法发现的“盲点”，他们的评价深刻地影响着我们，我们可以通过当面提问、电话、微信等方式咨询他们的意见。同时，也可以借助专业测评和咨询。许多书籍、网络和期刊中都会提供一些问卷，如霍兰德职业兴趣测试等。这些测试经过了大样本的测试，信度和效度都很好，可以为自我了解和探索提供一些线索。但是，这些测试结果只能作为一种参考求助于专业的心理咨询机构和职业咨询机构来更好地了解自己。此外，积极参与社团活动、学生自治组织、实习、参观、志愿服务等各种社会实践，拓宽自己的活动领域，在新的尝试中更加全面地了解自己。

### （三）评估职业环境

知己还要知彼，大学生要想在未来的职业生涯中取得成功，就需要对职业环境进行全面分析，以便自己能够作出更好的选择。

1.职业环境分析的主要内容

职业环境分析包括七个维度：社会环境分析、行业环境分析、企业环境分析、岗位环境分析、家庭环境分析、校园环境分析和就业环境分析。

从工作的角度来看，对一个好的行业期盼通常有以下几点：

（1）喜欢的工作内容。

（2）平衡的生活方式。

（3）接触所敬佩和仰慕的人群（包括内部的同事、行业的前辈和外部的客户）。

（4）自己所期望的社会地位和荣誉。

（5）理想的收入。

（6）能够实现最核心的理想和使命。

每个人都怀有对这六个方面的期望，但未必能同时满足。大学生在进行职业生涯规划时，在追求这六个目标的同时也需要学会取舍。

2.职业环境分析的途径

在职业环境分析的过程中，一个最基本的工作就是要尽量多地获取关于职业环境的信息，获得的信息越多，质量越高，就越有助于大学生做出更加合适的职业选择和职业规划。收集职业环境信息是一个需要花费大量时间和精力的过程，在职业生涯规划的过程中起着至关重要的作用。网络、人物访谈和实践等方法都是进行职业环境分析的途径。实践出真知，要想真正了解一个职业，最好的办法就是亲自体会。网络、人物访谈等方法都是间接地收集资料，而对大学生而言，参加各种形式的社会实践、实习、兼职等是最好的资料收集方法。

### （四）生涯机会的评估

生涯机会的评估，主要分析内、外环境因素对自己生涯发展的影响，每一个人都处在一定的环境中，离开了这个环境，便无法生存与成长。所以，在制订个人的职业规划时，要分析环境的特点、环境的发展情况、自己与环境的关系、自己在这个环境中的地位、环境对自己提出的要求以及环境对自己有利与不利的条件等。只有对这些环境因素充分进行了解，才能做到在复杂的环境中趋利避害，使职业规划具有实际意义。

### （五）确定职业生涯路线

在选择职业后，还需考虑向哪一条路线发展。是走行政管理路线，向行政方面发展，还是走专业技术路线，向业务方面发展等。发展路线不同，对自身的要求也不同，这一点不能忽视。因为，即使是同一职业也有不同的岗位，有的人适合搞行政，可在管理方面大显身手；有的人适合搞研究，可在某一领域有所突破；有的人适合搞经营。如果一个人不具备管理才能，却选择了行政管理路线，这个人就很难成就事业。

### （六）职业目标

职业目标的设定，其抉择是以自己的最佳才能、最优性格、最大兴趣、最有利的环境等条件为依据的。有无目标、目标明确与否关系到个体职业生涯能否顺利发展。

1.职业目标制定的原则

目标和路径的确定要建立在自我认识和职业认识的基础之上。确定职业目标时，应当遵循SMART原则。

S（spedfic）即具体化，是指当谈论目标的时候，一定是具体的而不能是抽象模糊的。例如，“我要找份好工作”这只是愿景，不是具体的规划，所以不能具体执行；而“我的目标是成为年销售额××××元的销售员”，就是具体的目标。

M（measurable）即可量化，是指目标的制定一定要可衡量、可测量，有一定的评定标准。

A（achievable）即可实现，是指目标必须是可以实现和达到的。目标应像“跳一跳能够得着的桃子”，而不是虚无和无法实现的。

R（relevant）即相关性，是指目标必须与其他目标相关联，设定的职业生涯规划要和岗位的工作职责相关联，不能有太大偏离。

T（time-bound）即时限性，是指目标必须具有明确的截止期限，规定在什么时间内达成。

2.职业目标决策的方法

（1）SWOT分析法。SWOT分析法由美国哈佛大学安德鲁斯教授提出，主要通过分析组织和个人内部的优势（strengths）与劣势（weaknesses），以及外部环境的机会（opportunities）与威胁（threats）制定未来发展策略。

SWOT分析法非常有利于检查个人技能、能力、职业、喜好和职业机会。利用SWOT分析法可以找出对自己有利的、值得发扬的因素，以及对自己不利的、要避开的东西，发现存在的问题，找出解决办法，并明确以后的发展方向。

（2）生涯平衡单法。生涯平衡单也用来帮助决策者在面对多种选择时，从具体的角度分析和评价各种可供选择的方案，进行利弊分析，以便决策者能够作出理性决策。当面对多种选择的时候，可以利用打分的方法，将每个选择的得失利弊用分数高低来表示，帮助我们作出选择。当然也需要考虑加权的项目，如哪个项目比较重要和迫切。

### （七）行动计划与措施

在确定了生涯目标后，行动便成了关键环节。没有行动，就不能达成目标，也就谈不上事业的成功。这里所指的行动，是指落实目标的具体措施，主要包括工作、训练、教育轮岗等方面的措施。比如，为完成任务，在工作方面，计划采取什么措施来提高工作效率；在业务素质方面，计划如何提高你的业务能力等，都要有具体的计划与明确的措施。而且这些计划要特别具体，以便于定时检查。

### （八）评估与回馈

俗话说："计划赶不上变化。"影响生涯设计的因素很多，有的变化是可以预测的，而有的变化则难以预测。在这种状况下，要使生涯规划行之有效，就需要不断地去对生涯规划进行评估与修订。

1.成效评估

成效评估应从执行效果与面临困难两方面进行。

（1）执行效果。在职业生涯规划实施一段时间后，要总结实施效果。总结的内容主要是本阶段是否按设计完成了任务，完成的情况怎么样，是否达到了预期目标，达到目标或未达到目标的主客观原因是什么。

（2）面临的困难。在规划的实施过程中，也会发现设计时没有考虑到的因素和执行后的困难。在成效评估阶段，要对这些困难作进一步分析，找出哪些困难是可以避免的，哪些困难是客观存在的，这些困难产生的原因是什么，等等。通过分析，可以对职业生涯设计进行基本的评价，以吸收合理之处，弥补不足之处。

2.整理反馈

成效的评估不是为评估而评估，其根本目的是通过评估来获得反馈信息，以便进行修正和完善，进而提高职业生涯设计的实施效果。通过成效评估，我们可以得到设计的合理之处和不足之处这两方面的反馈信息。

3.修正完善

职业生涯规划并非一劳永逸的事，在计划执行过程中，要不断根据实际情况对原有设计进行修订与调整。计划当修订的时机应考虑以下方面：

（1）定期监测预定目标的实现进程。

（2）阶段目标达成之时，要依据实际达成的状况修订未来的阶段目标可采用的策略。

（3）当客观环境改变足以影响到计划的执行时，要根据环境变化修订计划。修订的主要内容包括生涯目标的修订、重新选择职业、重新考虑后调整生涯途径、执行计划与措施的变更或者修正。

调查显示，职业类院校学生在规划职业生涯的过程中，从自我认识、环境评估、职业定位、计划执行和评估反馈等环节都暴露出一些问题，其中比较突出的是：认识不够客观；规划和实施有些脱离实际；带有理想化的倾向。

## 第三节　大学生创新创业

鼓励大学生进行创业，“以创业促就业”逐渐成为缓解就业压力、提高大学生核心竞争力的有效途径。在当代以互联网、大数据发展为代表的科技大发展条件下，国家提倡“大众创业、万众创新”。长期以来，在中国社会中创业和创新只是少数人从事的“高大上”事情。随着电子商务的快速发展，淘宝网等平台凭借技术难度小、进入门槛低、初始资金需求量少等优势，帮助了千百万普通民众实现创业梦想，在中国城乡地区形成了极强的示范和带动效应。青年是创业创新的生力军，国家特别需要并大力支持青年创业创新。大学生是最具创造力的群体，也处在最有创造力的年龄段。响应时代呼唤和国家号召，不负这个时代赋予当代年轻人的机遇和责任，勇于创新创业成才，就成为当代年轻人职业规划的重要选项。

### 一、大学生创新创业的背景

随着我国高等院校的不断扩招，毕业生人数呈现了逐年上升趋势，而社会所能为大学毕业生提供的就业岗位相对短缺，大学生就业难问题日益凸显。如何有效改善大学生就业环境、提高大学生就业率，已经成为目前政府、高校以及社会亟待解决的问题。大学生是最具有创造力的群体，培养大学生的创新创业能力不仅能够增加大学生自身的就业机会，还能够为社会提供更多的就业岗位，因此培养大学生的创新创业能力，以创业带动就业，对于缓解大学生的就业压力、建设创新型国家具有积极作用。国家大力发展大学生创新创业的背景因素可以概括为如下几方面。

### （一）经济结构调整转型升级的需要

要推动产业链和价值链从低端转向中高端，保持经济持续稳定增长，必须通过“大众创业、万众创新”来建立以市场需求为导向的创新创业生态，充分激发和释放新的消费潜力，唤醒社会资本投向新技术、新产品、新业态和新商业模式，加速中国经济结构的转型升级。

### （二）“互联网+”时代的来临

“互联网+”概念的内涵是传统行业与互联网的融合和重构，几乎所有的传统行业都随着互联网的进入而发生着质的改变。由于传统行业与互联网的结合实现了结构调整与迁移，带来了资金流、信息流、物流的整合，形成了新的平台，产生了新的应用模式，带来了产业与服务的转型升级，加速了一、二、三产业的融合与发展。“互联网+”模式的提出给各个行业带来了创新与发展的巨大机会，这也蕴含着更大的创新创业空间，带来了更多的升级换代和颠覆性改变的可能。在“互联网+”这样一种发散式思维模式的普遍影响下，创新创业理念能够更加充分地体现，也使大学生创新创业有了更加广阔的发展空间。

### （三）缓解就业压力的需要

随着我国高等教育由“精英式”教育向“大众化”教育的转变，大学毕业生的人数逐年增加，高校大学生就业率低、就业难的问题日益凸显，已然成了社会关注的焦点与重点。面对这样的环境，无论是政府还是高校都已经意识到了对大学生的创业意识进行培养的重要性，大学生创业将会是一条新的有效就业之路。在未来的就业过程中，大学生自主创业将会得到政府进一步的支持和深层次的发展。同时，面对严峻的就业压力与形势，要求高校在人才培养模式的改革以及促进大学生创新创业教育上要有一个全新的思考和转变。作为高等教育的前沿阵地，高校应该顺应时代发展需要，加大力度培养大学生的创新创业意识，使学生的思想由被动就业向自主创业转变，以有效地缓解当前严峻的就业压力，促进社会和经济的和谐稳定发展。

### （四）大学生是创新创业的主力军

2015年5月，国务院办公厅颁布了《关于深化高等学校创新创业教育改革的实施意见》，明确要求地方和高校要树立先进的创新创业教育理念，加强创新创业教育，增强学生创新精神和创新创业能力。推进“大众创业、万众创新”是实施创新驱动发展战略的重要举措，也是当前增强经济发展新动能的重要引擎。大学生正处于创新创业周期的活跃期，精力充沛、思维活跃，知识和技能水平较高，理应成为创新创业的主力军。

## 二、新时代大学生创新创业能力的培养

新时代大学生创新创业能力的培养，可从以下几点入手。

### （一）设立大学生创新创业专项基金，建立健全激励机制

目前，有的高校为激励和鼓励大学生创业，专门设立了“大学生创新创业专项奖学金”，奖励在创业创新方面有突出贡献的学生和老师。以辽宁省为例，该省、市建立了“高校毕业生创业资金”，通过财政和社会两条渠道进行筹集，用于为高校毕业生自主创业提供支持。其中，省、市财政筹集的资金统一纳入省、市政府出资的担保体系，用于为高校毕业生自主创业、兴办企业申请小额贷款提供担保；对高校毕业生到基层自主创办企业的，其研究与开发的科技项目优先给予费用支持。社会筹集资金用于为自主创业的高校毕业生提供奖励性资助和投资性资助；在全省高校进一步加强创业教育，为创业教育、培训、宣传等工作提供资金支持；建立创业项目信息库，举办创业设计大赛（展览），支持创业协会等工作；表彰创业教育和工作先进学校以及支持大学生创业教育工作表现突出的有关部门，表彰近年来涌现出来的具有典型示范意义的大学生创业带头人；成立大学生创业研究和指导机构，为该机构提供部分科研经费等。除了辽宁，北京、上海、重庆、广州、杭州等城市以及山东、河南、安徽等省份也都分别设立了大学生创业基金，为大学生创业提供资金支持。有的学校对创业效果较好或参加全国创业大赛并取得优异成绩的学生和指导教师，给予了一定的精神和物质奖励。这些做法都在不断地完善大学生创新创业的激励机制，从另外的层面来看也是在积极营造创新型校园文化，通过创新文化来潜移默化地影响学生，并逐步内化为学生的素质，增强学生的求知欲望，开阔学生视野，提高学生的创新能力，激发学生的创新思维。

### （二）构建创新创业教育课程体系，激发师生创新创业兴趣

1.增设有关创新创业教育的课程，丰富学生创新创业理论知识

改革传统的教学模式，增设创业教育课程，采用创业案例进行教学，展示成功创业者的创业精神、创业方法、创业过程和规律。可以定期举办“创业企业家交流论坛”“与企业面对面”等活动，请创业成功人士与学生进行面对面的沟通，帮助学生分析他们创业成功与失败的原因，为学生提供理论指导。山东省各高校大都开设了形式多样的创业教育课程，在有些学校中，创业教育课程已经由选修课成为必修课。山东大学将原来的“就业指导课”改为“大学生就业与创业指导”，并积极申请将此课程改为必修课。在让学生掌握基础知识与基本技能的基础上，学校开设了“创业学”“知识产权”“创业管理与实践”等通选课，活跃了学

生的创新思维，激发了学生的创业意识。

在创新创业教育课程设计定位上，要注意创业课程与其他专业课程的融合，要用不断发展的视角来设计课程，做到与国际接轨、与社会接轨、与发展同步，根据社会和市场来改进课程设置和课程目标；在内容设计上，不仅要包含创业理论知识，还要包含激发学生创业、鼓励学生创业的内容，力求培育创业精神；在教育课程特色上，还要注重将高校自身学科专业特色融入其中，应注重与特色学科相结合开展有针对性的创业教育。

2.加强创新创业教育师资队伍建设，加强学生的创新创业能力

高校教师是学校的灵魂和主体，其知识水平、授课水平、实践经验等素质对教育的效果起着非常重要的作用。同时，教师可以用自身的人格魅力感染学生、激励学生。所以，优秀的师资队伍是开展创业教育的基本保障。对此，可充分利用各种平台资源，如创业研讨会等平台来开阔视野、提高水平。有条件的学校可以选派优秀创业指导教师去企业挂职锻炼，解决“有理论缺实践”的短板问题。另外，可以聘请有学术背景的企业家到学校担任客座教授或者兼职教授。还可以考虑邀请相关领域政府官员到学校宣传讲解创业扶持政策，帮助学生了解政策、用好政策，在最大程度上解除创业学生的后顾之忧。当然，这些做法是动态的，高校创业管理机构应该谋划探索，形成长效机制。

3.深化思想政治教育的内涵，增强学生创新意识和创业精神

建立全面的素质教育观念，深化思想政治教育内涵，注重学生创新素质的培养把创新创业教育贯穿思想政治教育的始终，将学生创新素质的培养与其他方面的思想教育有机结合起来，将创新意识和创业精神的培养作为高校创新创业教育的重点。

### （三）加强校园创业文化建设，营造创新创业氛围

校园创业文化是以校园为主要空间、以师生为主体、以创业创新精神为主要内容、具有鲜明创业特质的校园文化。与一般的校园文化不同，校园创业文化的理念导向更加明确，愿景目标激励更具有现实针对性。良好的校园创业文化是创业型人才培养不可或缺的土壤和条件。创业价值取向导向、创业行为日常导向、创业规章制度导向以及校园浓郁的创业氛围，可以引导学生确立自主创业意识，培养自主创业兴趣，产生创业的需要和动机。因此，缔造良好的校园创业文化是促使创业教育蓬勃发展的精神动力和文化基础。校园创业文化建设不仅有利于对学生创业意识的养成，而且有利于对创业团队精神的培养。对此，可从以下几点入手。

1.充分发挥大学生科技社团的作用，营造创新创业文化氛围

通过大学生科技社团，开展丰富多彩的课外科技实践活动，开阔学生视野，

激发学生的积极性，培养学生创新创业素质，形成创新创业的良好文化氛围，在培养过程中，要做到将普遍性与重点培养相结合，发现、培养一批骨干分子，发挥示范作用

2.开展各种创新创业教育专题活动，拓展创新创业教育载体

在校园文化中开展各种创新创业教育专题活动，开展创新创业实践活动，如参观创业成功的企业，请创业成功者介绍创业的奋斗历程，鼓励在校大学生创业，大力营造创业光荣的氛围，带动更多的学生勇于创业。

3.以校园科技文化活动为载体，以科技竞赛为依托，培育学生科技创新能力

依托校园各种科技竞赛，充分发挥“挑战杯”创业计划大赛、课外学术科技作品竞赛、大学生就业创业论坛、科技论坛等大学生创新创业课外活动的作用，推动学生积极参与创新创业的课外活动，培养学生的科技创新能力。

### （四）搭建实习实训平台，提高学生创新创业实践能力

培养创新创业实践能力，为学生搭建实践训练平台。这里有三种途径：第一种是校企合作，联合创立实践训练基地；第二种是在高校建立“创业基金会”“创业协会”等组织机构，为学生提供创业实战演习场所；第三种是通过勤工助学岗位帮助学生体验创业。以上三种途径都是在为学生参与创新创业搭建起一个发展的平台，通过走产学研相结合的道路，高校与企业联姻，企业走进高校，共同探讨人才培养的新模式，从而不断地提升学生的创新与创业能力。西安电子科技大学是产学结合的典范，该校通过与研究所和企业达成合作，通过人才共培制、实习生制、校所校企联合建立实验室、共建科研平台等方法来加强学校与行业企业的深度合作，为学生实验、实训、实习乃至就业打通了关键的关节，同时增强了学生的工程实践科研能力和社会适应能力。

提高学生的创新创业实践能力，除了进行校企合作，建立实训基地，还必须树立起由创业导向模式向培养具有企业家精神的管理人才模式转变的新理念。只有将第一课堂课程和第二课堂有机结合起来，从深层次不断唤醒、启发和挖掘大学生的创新创业潜能，通过职业生涯规划教育、团队训练、岗位见习、创业实践等实习活动，逐步培养出创业领军人物，才能在大学生中塑造创新创业理念，从而提高大学生创新创业的整体水平，进而从整体上提高学生的创业意识、创业精神和创业能力。

# 第六章　新时代高职院校学生管理模式的多元发展

高职院校学生管理涉及学生的方方面面，包括学生的思想、心理、身体、学习、生活等诸多方面，对学生知识的摄取、情操的陶冶、个性的发展有着深刻的影响。但是，高职院校的扩招、教学管理模式的改革、学生公寓管理社会化等一系列高职院校改革政策的实施，一方面使学生的思想行为等发生了一系列的变化，另一方面给高职院校的学生管理工作带来了新的挑战。因此，探索适应新时期、新挑战的高职院校学生管理模式成了必然。

## 第一节　人格化管理模式

现代人才需要更多的能力和素质，肩负了更多的使命。例如，要具有良好的社会责任感，要树立明确可行的生活目标，要具有学习能力和创新能力，要具有不断适应时代需求的能力等。上述一系列能力的培养都需要一种现代的、注重学生内涵培养的管理模式。人格化管理模式注重对学生内涵的培养巩固、发扬其已形成的良好内涵，革除不好的甚至是劣质的品质，开创新的精神。这对于学生的成长、大学文化的繁荣都有重要意义。

### 一、人格化管理模式的内涵

所谓人格化管理就是在管理过程中充分关注人性要素、以充分挖掘人的潜能为己任的管理模式。

人格化管理是一种“以人为本”的管理方法，就是从管理的指导思想到具体的管理原则和方法，都是从人出发、以人为核心的管理。它的实质在于充分尊重和理解被管理者的个性和创造才能，充分调动他们的主动性、积极性和创造性，并使其更好地投入工作，更有效地实现组织目的。其具体内容可以包含很多要素，如对人的尊重、充分的激励、给人提供各种成长与发展的机会。

同一所大学的学生往往有着一定的共性。很多大学的学生因其在大学的底蕴等方面的不同，形成了不同的学校人格化，同一班的学生也会有一定的共性，呈现出各个班级不同的风貌，形成不同的“班级人格化”。这种状况也出现在了大学公寓里，形成“公寓人格化”。大学校园还存在其他很多方面的人格化，这些“人格”都是从心理学角度来进行定义的，指的是这一类人的内涵，这一系列的人格化与学生能否顺利步入社会，积极参与竞争，收获事业、生活的成功有很大关系。

## 二、学校人格化管理的实施内容

学校人格化管理工作要从以下几个方面实施：

（1）强化规章制度的管理。

（2）确保良好的学习环境和学习氛围。

（3）形成良好的精神风貌。

学校人格化管理属于学生管理的高级层面，掌握着整体的动态，起着统筹、规划、指导的宏观作用。这类管理要从领导层面出发，在学校的基础设施、师资力量、学术建设等方面投入更多的人力、物力、财力，制订相关的工作计划，树立长远目标。要务实求真，不可急功近利、只图表面功夫。

## 三、班级和公寓人格化管理的实施

班级、公寓作为学校管理的基层单位，起着非常重要的基础作用。基层人格化的实现要从以下三个方面努力。

### （一）个别学生发挥人格力量

在一个班级中，总会有在领导方面有突出能力的学生，这些学生的人格力量影响着班级人格化。个别学生人格力量的发挥会引导、带动其他学生，对班级人格化起到调动作用。但个别学生的人格力量又有积极、消极之分，积极的人格力量会对班级和其他学生起积极作用；反之，则会带来消极的影响，因此，学生人格力量的发挥需要辅导员的有效管控，辅导员要把握尺度，引导、鼓励积极人格力量的传播，化解消极人格带来的不良影响。

### （二）教育工作者发挥人格魅力

对于学生尤其是新生而言，教师、辅导员等教育工作者就代表了权威，在他们心中形成了一种特殊的地位。学生对他们崇拜的教师、辅导员会特别尊敬并存在模仿的现象。辅导员是班级人格化管理的组织者、策划者、调控者和实施者，教师是管理最主要的辅助者。这两者在班级人格化管理的过程中发挥着重要作用。

因此，辅导员要有良好的工作态度、生活态度和办事作风，以便更好地感染学生；教师要有严谨的治学态度，帮助学生树立良好的学习态度和工作态度。教师和辅导员要给学生树立榜样，促使班级人格化向良好的方向发展。

### （三）公寓人格化管理注重细节

辅导员要选择那些热心、负责任、宽容大度、积极为同学办事的学生担任寝室长，用他们的能力管理寝室，用他们的行动来感染寝室的其他学生，还要建立良好的寝室环境，形成和谐的舍友关系，创建多彩的公寓文化等，以公寓人格化的形成为其他方面的人格化奠定基础，为学生的生活创造良好环境。

## 第二节　社区化管理模式

随着高校社会化改革的不断深入，对高校学生社区化管理的重视也应加强，高校学生社区化管理，应该将其培养成德、智、体、美、劳全面发展的“四有”人才及管理育人、服务育人的重要阵地，应该是影响学生成长成才的重要环境和学校精神文明建设的窗口。因此，高校学生社区化管理应该成为高校改革的重点，有些传统的管理模式已不能适应高校的发展，学生社区化管理势在必行。从高校社区化管理的发展方向来看，不断完善学生社区的教育管理机制，积极探索学生社区管理的新思路、新办法，建立新型学生社区化管理模式是今后发展的方向。

### 一、高校学生社区化管理产生的背景及科学内涵

#### （一）高校学生社区化管理产生的背景

1.适应学生群体特征

加强和深化高校思想政治工作，需要一种更切合实际、具有实效的教育管理新模式。高校学生思想政治工作者必须根据变化的情况，及时调整工作思路，做出应对之策。面对高等教育的日趋现代化和国际化，特别是教育教学改革的不断深化和高校改革向纵深发展的新形势，高校学生社区化管理如何坚持社会主义办学方向，如何坚持姓“教”的宗旨不动摇，是一个值得认真研究和探索的重大实践课题；很多高校在开展党建与思想政治工作以及日常教育管理工作方面，与时俱进，不断创新，探索出了一条符合形势发展要求和高校实际的学生教育管理新路子，即高校学生社区化管理。高校学生社区化管理是加强和深化新时期高校学生思想政治工作的需要。

2.教育管理的新模式

为了克服高校持续扩招带来的后勤设施不足的困难，中国高校参考国外发达

国家高校后勤社会化的管理体制，或引进社会资金，或集资联建，或贷款与集资相结合，大力兴建学生公寓，并推行了后勤社会化管理，较稳定、快速地解决了学生的住宿、餐饮、娱乐等一系列学习、生活、文化活动设施建设存在的经费短缺的问题，但后勤社会化同时也带来了高校管理的“二元化”问题，即对学生的学习实行的是与西方高校不同的传统教学行政管理，而对学生的生活却推行了类似于西方大学的社会化管理，教学计划行政管理与社会化管理在事实上存在着“两个体系”。高校学生工作面临的挑战是怎样将“行政管理”与“社会化管理”两个体系合二为一，从而达到对学生人格教育的统一。在这种新情况下，高校实行社区化管理势在必行。

3.改革传统管理模式

面对高等教育的改革和发展的现实情况，尤其是高校学分制改革的逐步深化，传统的班级概念趋于淡化，以班级为思想政治教育的基本组织形式和主要工作渠道的情况正在改变，社区日益成为学生学习、生活的重要场所。同时，随着高校后勤服务社会化步伐的加快，学生社区的环境氛围、社区的文化设施和社区管理服务的质量如何，以及社区管理模式怎样，这些都是对传统的高校学生工作提出的新问题。因此，高校社区化管理被提上了议事日程。高校学生社区化管理是适应高等教育改革与发展的时代要求的。

### （二）高校学生社区的科学内涵

随着我国高校改革的进一步深入，以寝室为单位的学生社区的地位日益突出。学生社区是社区概念在学校管理中的反映，是大学生在校学习、生活、休息的基本活动场所。社会学研究表明，社区是一种地域上的存在，同时它的实质是人的聚居与互动。就第一层意思而言，社区的特点是居民共同居住；第二层意思表明社区具有文化功能。学生社区也是一个社区，就一所高校而言，它指的是这所高校的所有寝室和周边环境（学生公寓）以及这种环境所能达到的最大的育人功能。

与社区概念相对应，学生社区这一概念也包含两个内容：一个是指区域环境，另一个是指文化功能。就区域环境而言，一方面，学生社区是校园的区域组成之一，是校园内的地理分区，是学生的居住区。另一方面，学生社区也是学校的一个重要管理区。从社会组成结构来讲，它是组成学校管理的结构之一，学校与社区存在着某种程度上的隶属关系。不过，在实施完全学分制的背景下，学生群体间专业、班级甚至年级的界限日益模糊、作为学生的居住区，其地位也应随之上升，来满足学生以居民身份与学校以及相关社会机构进行实质性对话的要求。文化功能更多地表现为社区人文环境与居民生活的相生相融，成为社区居民接受文化教育的主要阵地。学生社区在文化功能上还要承担更多的责任，要确保“文化为了教育，教育为了学生”，具有更加鲜明的目标和内容指向。

### （三）高校学生社区的分类

从全国各地学生社区的现状来看，学生社区主要有三类。

1.跨省（市）的大学城社区

这类学生社区的特点是规模大，入区的学校多。从入区大学所在的省（市）来划分，既包括大学城所在地的大学，也包括外省（市）的大学；从入区大学的性质来划分，既包括理工大学，也包括综合性大学和专门大学；从入区的学校层次来划分，既包括研究型的本科大学，也包括专科学校和职业技术学院。这类大学城社区的管理体系有待改善。

2.同省（市）的大学城社区

这类大学城社区的特点是规模较大，入区的高校多的有数十所，少的也有几所到十几所，入区的大学属于本省（市）的大学。

3.学生公寓式社区

由一所具有一定规模的大学构建的学生社区的特点是：在原学生公寓区的基础上，进行管理模式上的改革，即对原有计划经济条件下的学生公寓式管理模式实行社会化改革，实现社区式管理。随着学校规模的扩大，对新建的学生公寓实行社区化的管理，这类由单个学校构成的公寓式学生社区在全国也有不少，以浙江省为例，绍兴文理学院、湖州师范学院、湖州职业技术学院等都拥有学生公寓式社区。

## 二、高校学生社区化管理的现状

### （一）高校学生社区化管理面临的机遇和挑战

全面实施学生社区化管理已经迈出了在我国高校学生思想政治工作中具有代表意义的一步。在国内，各高校先后进行了各种形式的理论研讨和实践探索，解决了部分理论和操作问题。但是，全国高校地域分布广、地域和办学特色不一、教育环境和教育条件参差不齐等因素决定了任何一种管理模式的完善都要经历一定的过程。社区化管理在实践探索过程中仍存在许多具体挑战，表现在以下几个方面：

（1）内部机构关系和运作方式尚欠缺科学和完善。构建并处理好教育、教学、招生就业三大平台之间的关系，需要进一步处理好教学管理与教育管理、社会化服务管理与教育教学管理之间的关系，科学分析和分配学生教育管理平台内部机构间的权重等。

（2）对实施学生社区化管理后续问题的重视程度和研究不够，前瞻性理论探索较少。例如，随着改革的进一步深化，政治、经济、社会、文化、教育等诸多方面将会出现许多新的变化。对学生社区化管理如何适应这些变化等问题都缺乏研究。

（3）亟须提升学生社区的价值，使学生社区在学校机构设置、运行体制、社会效益、育人过程中体现出更大的效度和影响力。

（4）跨省（市）大学城和同省（市）多所大学集聚的大学城，存在着学生社区管理不统一的问题，可能会导致一些不稳定因素从管理的薄弱环节滋生，成为影响全局稳定的因素。

### （二）高校学生社区化管理实践

高校学生社区化管理主要就是对学生的管理服务和教育引导，是一种微观层面上的内部管理，当然也包括对人力资源、财务、物资和信息的管理。

管理对象主要是高校学生。学生既是受教育者，又是居民和消费者；既具有社会人的某种特征，但又与社会人有着明显差异。他们是一群身心发展水平相近的青年，具有强烈的互动性和有别于其他社会群体的生活方式；他们有相对一致的作息时间，他们的行为活动基本同步，上课、社会实践、业余生活等基本是集体活动，具有一定的目的性、组织性、程序性。他们虽然在院系和专业上存在不同，个性也存在一定差异，但是总体上都是基于学校统一规章制度的要求，整体活动都是有一定的规律性和可控性的。因此，学生社区化管理也是基于此进行的，自然也就有规律可循。

在管理主体和内容上，学生社区化管理的内容主要有学生管理、后勤服务管理和学生自治管理。实施这三项管理工作的主体主要是学校的相关部门。学生管理工作主要是由学校党建思政工作队伍负责对学生进行思想政治教育，开展文体活动、读书学习、规范意识等管理和教育；后勤服务管理工作主要是由后勤一线管理服务人员负责安全保卫、后勤服务、物业设施设备等管理；学生自治管理工作主要是学生组织和学生自身在学校相关部门的指导下，自发地开展一系列的自我管理、自我服务和自我教育的自治工作和活动。

1.单一院校学生社区化管理模式

在这类学生社区化管理中，学生来源单一，规模相对较小，管理容易到位。因此，随着社区党总支、支部、学生党员接待室、社区团组织、社区学生会、心理咨询室等的构建，从学校党委行政到社区学生寝室的完整管理体系就形成了，使各类社区管理中容易发生的问题能够得到及时、有效地解决。这类管理模式总的来说比较成功。

2.跨省（市）与同省（市）学生社区化管理模式

这类学生社区化管理的特点为社区规模大、学生人数多、基础设施可以得到有效利用，在生活管理上可以取得相应的效益。同时，由于学生人数多、涉及的学校多，在管理上也容易出现漏洞。出现这种管理的漏洞的原因主要是寝室管理的不规范或者教学设施使用上的混乱。事实上，一个大学城在学生寝室的管理上是完全可以统一规范的，其教学设施也可以更好地得到利用。这里的管理漏洞，往往更多的是由于各个地区、各所学校对学生管理要求的不一致、不统一而导致的，有的学校管得严，有的学校管得相对松。这一严一松中，就可能会出现管理信息上的不完整，问题就可能从薄弱部分反映出来。因此，这类学生在社区化管理上需要解决的问题是如何在发挥规模效益的同时，避免由不同省（市）、不同高校在学生管理制度上的非一致性而产生的薄弱环节。

## 三、高校学生社区化管理的对策和成效

### （一）高校学生社区化管理的对策

1.完善运行体系，优化体制机制

机制是不可或缺的“软件”，建设学生社区需要完善三大机制，即学生社区的运行机制、学生社区的志愿者参与机制和学生社区的内部激励机制。

学生社区的运行机制是学生社区能够正常运转的前提。运用学生社区公共设施和相关权力，以满足服务需求为目标，不断提高服务质量，保持服务的功能成本，长期维持服务的再生产，这种周期性的进程状态是学生社区的运行机制。这一机制本身说明学生社区组织的非营利性，或者说非营利性是学生社区行为的特征之一，是学生社区自我服务、自我调节功能的体现。不断地实现这一机制良性运转的关键是服务质量，服务质量同样也是确立学生社区形象的基础，是学生社区存在具有必要性的证明。

学生社区的志愿者参与机制解决的是培育学生社区人文生态环境的深层次社会文化问题。在学生社区中建立一支具备一定数量和质量的志愿者队伍不仅是一种管理现象，更是一种文化现象。事实上，志愿者本身是社区意识的内在有机组成部分，是社区成员积极参与社区事务的显性表现在学生社区，志愿行为是建立一个“以人为本、文明互助、共同参与”的和谐学生社区的重要途径。

学生社区的内部激励机制是学生社区凝聚人心、发挥作用的保证。学生社区的非营利性能否像企业一样产生关注效率的动力，这是一个复杂的问题。

（1）非营利性组织的动力主要在于获得居民的满意和社会的认可，这是一种深层次的心理需求。市场经济促使人们为利而动，在这种情况下，为他人和社区

努力工作的人尤其会得到他人和社会的尊重。

(2) 个人运用社区职能通过解决社区矛盾进而解决个人问题，是弥补个体力量薄弱之处的有效途径。一个发育良好的学生社区环境通过事务公开化、透明化，将工作者的各种努力、困难、成绩和失误显现出来，让工作者靠来自外部的反应去推动自己努力改进工作，从他人眼中看到自己的状态，从而调整自己的行为，进而完善自我。

2.借鉴国内外经验，强化实践创新

传统的学生工作观念一直轻视寝室的育人功能，将寝室当作完全的物化性存在，因而在实际工作中只重视学生对生活环境的维护与保持，没有自觉地发挥学生寝室作为学校育人工作环境之一的应有作用。同时，由于工作视角单纯停留于单个寝室，而未能将以寝室为单位组成的学生社区纳入视野，我们也很少注意到学生社区育人功能的发挥。如前文所说，学生社区不仅有区域概念，同时也具有育人功能，然而对于这一功能的隐性特征，我们未能准确地把握以上种种观念、观点的误区。这导致我们未能认真地思考学生社区的作用，自然不会进一步去考虑如何建设好学生社区了。

在高校，学生的专业教育一般由各个院系来完成，学生的思想政治工作由学校和院系学生工作机构来完成，学生的物质生活需求由后勤部门来满足。而对学生进行未来生活训练，把他们培养成遵守社区规范、具备相应社区意识的文明公民的教育任务却没有一个成型的组织来承担，这无疑是高等教育的一个疏漏。从这个角度讲，建立学生社区、完善学生社区管理是完善高校育人职能、优化高校育人环境的必要举措，是当前高校学生工作迫切需要解决的问题之一。只有意识到了这一点，自觉地将学生社区建设纳入学生管理工作，并给予其应有的地位，学生社区培养社区现代公民的育人功能才有实现的可能。因此，要加强理论建设和创新一定要贯彻开放教育的理念，不断增强学习意识与开放观念。高校学生社区化管理需要改革者的开放观念和博大胸怀，通过不断比较发现差距，促使在社区化管理的过程中自觉主动地探索理论，积极准备改革所需的条件，提倡各高校之间的交流与合作、互促互进，在实践中不断积累宝贵经验，夯实理论基础，加强实践创新，为高校学生社区化管理向纵深发展共同努力。

3.调整和平衡“管”与“教”的关系

学生社区建设是一项系统工程，必然需要对原有学生社区管理结构进行调整，科学处理教育和管理的权责关系。首先，必须结合高校实际来对原有学生工作进行结构性调整，并建立健全相应的规章制度；其次，要从根本上解决这些问题，还需要处理好管理载体、教育平台、育人方式等全方位的问题，头绪纷繁，加之无成型的经验可借鉴，解决问题的难度还较大。但以结构调整为切入点，是一个比较可行的思路，具体实施过程需要处理好以下几个关系：

（1）处理好校学工部门、团委与学生社区管理委员会的关系。学生社区管理委员会（以下简称学生社区管委会）是校学工部的职能部门之一，是学生社区管理中最具有实权的管理层次，尤其在实现学生社区的维权功能方面，其作用更加明显。学生社区主要通过学生社区管委会实现与相关部门的平等对话解决实际问题，团委介入生活区管理，主要体现在对生活区成员的思想教育与严格管理方面。各学院的学生工作办公室的主要负责人一般也是学院的团总支书记，因而共青团这条线的介入有利于加速形成一支由各院（系）团总支专职干部、各学生辅导员组成的公寓思想教育、纪律管理、寝室内务管理的队伍，有利于各项活动的协调，保证公寓后勤管理的顺利开展。同时，团委是学生思想政治工作与校园文化工作的主角之一，团组织又直接指导各级学生会组织，有利于将寝室文化活动纳入整个校园文化建设去综合考虑，从而引导寝室文化向高层次发展。

（2）制定制度和机构设置要同步。为了学生社区工作的顺利开展，制定诸如《学生社区居民公约》《学生寝室管理条例》《学生社区安全保卫制度》《干部教师联系学生社区制度》等相关制度是必需的。但从目前学生工作的状态来看，能否保障学生社区管委会具有相应的生活区管理权利，能否保障学生作为生活区居民与学校、后勤等部门具有平等对话的权利以及能否保障学生通过民主渠道参与生活区乃至学校相关事务，是影响学生社区生命力的决定性因素。

（3）根据学生社区职能，设立相应的管理机构。学生社区管理支委设学生社区区长一名、副区长一名、志愿者队长一名，也可根据实际情况来适当增加管理人员的数量，从而形成学生社区区长、志愿者队长、楼长、寝室长为主的学生社区管理基层机构。校院级学生社区管理机构可在原有学生寝室管理机构（如寝管会）的基础上合理增加或加强学生社区的相应职能（如学生权利维护等）。这种管理方式并未对原有的学生管理结构做出大幅度的调整，从而使其更具有现实的可行性。

### （二）高校学生社区化管理的作用

实践表明，实施学生社区化管理不但可以较好地应对高校后勤社会化改革与教育教学改革给高校学生教育管理带来的新机遇、新挑战、新任务和新问题，而且使学生党建与思想政治工作的着力点更加明确，体系更完善，育人机制更加健全，对学生的教育管理成效也更加明显。其主要作用表现在以下几方面。

1.有利于优化服务和育人环境

在以社区党总支为核心的管理体系中，综合利用好各种服务机构，加强统一指导，能为学生的成才提供一个更加完整、科学、有序的体系和空间，使社区的管理和服务更加快捷、完备。社区化管理可以科学整合各种资源，增强教育管理合力，在社区管理体制下诞生出各种健全、富有活力的社团组织，为社区营造丰富多彩的科技文化氛围，为学生素质的提高提供更加立体的空间，对学生个体的知识结构的完善、个性的培养和素质的提高发挥了积极作用。从管理和经营角度提出社区的统一管理思想和教育理念，为学生的成才和教育机构的育人提供了更加优化的内外环境，能够有效地保证高校在连续扩招后教育管理质量和学生素质的稳步提高。

2.有利于优化管理和增强育人效果

社区化管理营造出了以人文素质、健康成才教育等为主要内容的德育氛围。在这个氛围中，学生真正成为学校服务的对象和主体，所以学校自始至终坚持把学生的成才放在第一位。如果要在整个教育过程中真正地贯穿这一主旨，就必须为学生的成长与发展提供良好的物质条件，在此基础上创造良好的“求知、求真”的学术氛围，营造出一种以人文素质、健康成才教育等为主要内容的道德文化育人氛围，给予学生一种积极的引导，使学生在良性的德育氛围的感染熏陶下主动地去锻炼、提高自己，最终培养学生良好的生存适应能力。

3.有利于促进交流和情感联系

近几年出现的一些学生与学校间的法律纠纷一度成为整个社会关心的热点问题。专家指出出现这些问题的一个很重要的原因是学生与学校之间缺乏必要的平等的交流与沟通，因而引发了学生、家长、社会与学校之间的诸多矛盾而社区化管理改变了师生以前对社区化管理改革的消极认识及评价。思政人员和学生社区中的党团组织机构与心理咨询机构的工作，缩短了学生与组织间的空间距离和心理距离，进一步体现出思想政治教育应具备亲和力与感染力的特点，师生之间、学生与组织之间、学生与学校之间的关系也更加自然和谐。

## 四、高校学生社区化管理的发展方向

### （一）转变工作思路，正确处理与学生的关系

随着高校教育教学改革的深入，学生管理工作也应与时俱进、转变思路，做到将教育和引导相结合、教育和管理相结合、管理和服务相结合。

1.要树立服务意识

学生管理部门要放下架子，迈开腿，走近学生，了解学生，从学生的实际出发，关心学生，服务学生，要始终坚持“以学生为本”的服务意识和理念。传统的学生管理对学生进行的是严格的规范约束，学生管理部门只扮演着管理者的角色，学生只能处于从属或被动的支配地位。这种管理模式忽视了对学生的引导和

教育，使学生管理工作“狭隘化”，不利于学生自主性、主动性的发挥。

2.要维护学生权利

根据“依法治校”的要求，在校学生有维护自身权益的权利，当然也有应尽的义务。我们在推进管理的同时，要维护学生的合法权益，在程序正当、依据明确、证据充足的前提下去处理学生事件，也要保障学生享有陈述、申辩和申诉权。学校和学生都必须以法律或法规为准则，不能超越法律开展教育和学习活动。

3.要强化学生自我管理

学生工作者在对学生进行教育管理的同时，也应平等地对待学生，并且要处理好学生和管理者的关系，要由“学生工作处直接领导、以辅导员为中心”的学生管理方式，向“以学生工作处为指导，辅导员入驻学生公寓，拓展延伸到生活区，强调学生自治为主”的学生管理方式转变。学生管理工作要使学生认识到自己不仅是被管理者，还是管理者，从而有力地提高学生自我管理、自我服务、自我教育的积极性。

### （二）结合高校发展，弘扬和培育大学精神

大学精神是高校发展的重要精神动力。大学精神的本质是创造精神、批判精神和社会关怀精神。弘扬和培育大学精神要求我们做到以下三点：

（1）要保证大学自身的根本生命力，大学作为人才培养的基地，创造性是其核心特质。在强化学生专业知识学习的同时，更要训练学生谨慎的思考态度、谦恭的行为、参与管理的能力，让学生在参与管理和服务的过程中，挖掘潜力、勇于创新、大胆尝试，全面提升综合素质。

（2）要拥有海纳百川的博大胸怀。高校的发展无一不是在继承传统的基础上，接纳新思想，包容新观念，鼓励新思路的过程。学生也要在这种精神的引领下，融入母校的发展，通过建立各类学生自治组织，参与学校发展方针和战略的制定和谋划，积极从学校主人的角度提出自己的意见和建议，

（3）要保证对社会精神文明的参与和建设。在当今社会，关注现实、服务社会成为高校的第三职能，学生通过校园文化的教育、引导和熏陶，在慢慢接触社会的过程中，锻炼了自己的社会实践能力，提高了自己的社会认知度，增强了自己参与社会管理和服务的本领，逐步形成了自己对社会的关怀和关爱意识，使自己具有了社会关怀精神。

### （三）拓展工作重心，优化学生管理工作机制

当前，随着我国高校学分制的推广和后勤社会化的逐步深入，传统的班级、年级、系和专业的概念逐渐淡化，很多高校开始尝试让不同专业和年级的学生混住在一起，宿舍已成为学生比较固定的学习和活动场所。从时间上说，学生待在

宿舍里的时间一般要多于课堂时间，宿舍的整体氛围对学生的世界观、人生观和价值观的形成影响非常大；从空间上说，宿舍不再仅仅是学生休息和生活的场所，同时还是他们学会做人、学会相处以及获取信息的地方。因此，学生宿舍实际上已经成为课堂的延续，应该适时将学生工作重心向学生社区拓展、延伸，实现教学性事务和非教学性事务的分离。高校思政工作者也要仔细研究学生社区管理和教育，发挥其育人功能，努力打造具有我国高校学生工作管理特色的学生社区。

### （四）强化服务功能，满足学生成长发展需求

高校教育工作者要学会一分为二地来看待学生工作中出现的各类问题，分析问题的根源，正确判断责任方，要做到具体问题具体分析、具体处理，避免盲目。要树立服务意识，增强服务观念，加强服务性管理、教育和引导，减少指令性管理。要牢牢记住学校的各项工作都是为学生服务的，都是为学生提供一切便利的条件以及满足学生成长成才需求的。学校学生工作部门、教育教学部门以及后勤管理服务部门要从学生的实际出发。配备各类服务教育教学和学生全面发展的设施设备，制定相关保障措施；合理安排人员，切实做好后勤服务保障工作。

### （五）完善管理制度，拓宽科学化的管理渠道

学校在推进学生社区工作的过程中，要充分听取学生的意见和建议，把尊重学生放在第一位。学校要在总结管理经验的基础上，建立一套规范化、制度化、科学化的管理制度。首先，管理制度在充分考虑权威性和连续性的同时，要做到赏罚分明，奖励好的、进步的行为，处罚违反规定的行为。其次，要注重制度的“柔性”作用，适当兼顾制度的引导性和弹性。针对不同岗位，编写具体工作岗位操作规范手册，规定与岗位相符的知识、能力和技能要求。学生工作者在上岗前要进行岗前培训，上岗后也要适时进行再教育和再培训。同时，要学会应用先进的科技和网络管理技术，推行网格化社区管理模式，提高学生社区化管理工作的效率。

### （六）确保管理成效，提高学生工作的专业化水平

为了有效提高高校学生管理工作水平，更好地服务于教育教学、服务于学生成长成才，学生工作的专业化研究势在必行。首先，要推进高校学科改革，通过设立专门的学生事务管理专业或研究方向，培养符合国内高校实际所需要的学生管理人才，提高当前学生工作的理论水平、专业技能水平和专业素质。其次，要成立全国范围的学生工作组织协会或研究型机构，为全国高校学生管理工作者搭建一个交流工作、学习借鉴和互助的平台。再次，要出台行业道德行为规范和工作指导手册，确保学生工作者有能够具体的从业基本标准、评价依据和职业操守。最后，要积极开展校本学生工作管理研究，从本校的实际出发，摸索和研究出具

有本校特色的学生管理工作思路。

**（七）转变工作方式，贴近学生实际开展工作**

在衡量一所高校学生工作水平的高低时，是否针对每位学生特点进行个性化指导和帮助就是重要指标之一。不同的学生具有不同的个性特征，学生工作就要求贴近学生实际、有的放矢，否则成效甚微。我国高校学生咨询服务工作的系统推进相对较晚，力量还比较薄弱，需要及时转变方式，让咨询服务机构进驻学生社区，贴近学生实际开展工作同时，要加强咨询服务的宣传和推广工作，鼓励学生敞开心扉，不回避、不拒绝，敢于进行个性化的咨询，使问题及时得到解决，以免影响学业。

**（八）构建和谐校园，引导学生全面健康发展**

学生管理工作以学生个人及其事务为关注点，学生活动基本在校园内，有时也会延伸到校外社区。此时的学生管理工作也随之扩展到了校外。在与社区、社会机构、政府等进行接触、广泛交流与合作的过程中，学生不但提高了工作水平，而且拓宽了工作视野。因此，从事学生事务管理的工作者，要充分认识到自己既是管理者和服务者，又是教育者和研究者。我们的工作就是营造一个积极、健康、和谐的学习和生活环境，为学生全面健康地成长成才服务。

## 第三节　学生自我管理模式

### 一、学生自我管理相关概念

**（一）学生自我管理与自我管理能力**

1.自我管理

学生自我管理是指学生在国家教育目的和学校的培养目标下，在教育者的指导下，充分地发挥自身的主观能动性，积极、主动、自觉地开发潜能，规范言行，调控与完善心理活动的实践过程，也是学生自我学习、自我教育、自我发展的实践活动。

2.自我管理能力

（1）自我管理能力概念。

有学者将自我管理能力定义为：拥有自我意识、自主意识和自由能力的个体，在正确地认识自己的前提条件下，为了实现组织的目标，通过合理的自我设计、学习、协调和控制等环节，以获得个人自我实现和全面发展为价值诉求的管理实践活动。根据高职院校学生的特点，可以将学生的自我管理能力概括如下：在知识技能方面，包括自我目标管理能力、自我学习管理能力和自我技能管理能力；在社会生活方面，包括自我人际管理能力、自我时间管理能力、自我角色认知能力和自我金钱管理能力；在行为心理方面，包括自我行为管理能力、自我心理管理能力和自我激励管理能力。根据以上自我管理与自我管理能力的内容可以将自我管理能力简单定义为：主体为达到和实现自我管理所应具备的能力。对于高职学生的自我管理能力的概念则以单独个体层面进行主体界定，主要强调的是学生自我管理能力。即以社会发展为背景，大学生个体按照社会的要求和自身发展的需要，发挥自身能动性，使大学生在德、智、体、美、劳等方面全面发展，从而实现自身社会价值所应具备的能力。

（2）自我管理能力的特点及内容。

大学生自我管理能力强调的是学生自我管理，即管理的主体与客体有统一性的特点；同时也重视学生的自身能动性，只有学生自身能管住自己，才能从根本上提升学生自我管理能力；自己管理自己，也凸显了学生在自我管理内容上具有自主性的特点，即学生在哪些方面能管住自己是由学生自己决定的。因此，需要家庭、学校和社会等方面协调统一，加强对学生的引导，促使学生实现自我认识、自我计划、自我激励，提升学生的自我规划管理能力、自我学习管理能力、自我资源管理能力、自我健康管理能力，并通过自身的努力去实现自身价值和提高综合素质。

### （二）培养学生自我管理能力的必要性

1.有利于提高高等职业院校辅导员的工作效率

实行学生自主管理，不仅可以减轻辅导员和班主任的工作负担，提高工作效率，还能使学生参与班级和院系的各项事务，培养学生的多方面能力。有利于辅导员角色的转换和师生关系的良性发展。

2.有利于促进高等职业院校学生的全面发展

我国现代教育的目的是促进人的全面发展。人的全面发展意味着对人自身潜能的充分挖掘和个性的自由发展。要实现这些目标，就要求高等职业院校在教育过程中应充分发挥学生的主观能动性和创造性，培养学生在自主性、创造性等方面的品质与能力。在学校创造了环境和条件的情况下，学生进行自我管理，不仅能够调动自身的主观能动性，而且可以使他们在自我管理过程中认识自己以及自己与客体的关系，并能据此对个体的思想和行为作出评价和调节，从而提高学生的自我意识水平和自我教育能力。学生在个性的发展过程中，逐渐形成了自我教育的意识、意志和能力，把学校和社会的要求转变为自身的期望、需要和责任，做出自我调节和控制，从而达到自我管理的目标。

3.有利于促进高等职业院校学生的职业发展

高等职业院校的学生在校期间，不仅要学习文化知识和专业技能，还要学习相应的职业道德和职业能力，为将来的职业发展奠定基础。

高职学生在校园中进行各种自主管理活动和管理集体事务的同时，也进行着个人的自我管理。高职学生通过自我管理在促进个体的全面发展的过程中，还会潜移默化地提高个人的管理能力和社会适应能力。将职业经理人的自我管理能力引申到高职学生身上，学生在自主管理过程中，自己进行目标设定、实施进程、时间控制、自我反省、达成目标等，锻炼并培养了职业管理能力，使他们在进入职业岗位后，能够快速胜任。

## 二、学生自我管理能力培养的目标及原则

### （一）学生自我管理能力培养目标

高职学生的自我管理能力概括为以下三大项：知识技能方面、社会生活方面及行为心理方面的能力。

1.知识技能方面

（1）自我目标管理能力。

人在成长过程中，总是在不同目标的指引下不断奋斗和进取，如此循序渐进，不断成长。而对于学生来说，学习目标是指引他们不断学习和进步的总方向。学生们每天的学习与生活，可以理解为是一个不断提出目标，不断追求目标，不断调整目标并实现目标的过程。高职院校的学生要结合个人的志向、爱好、专业、职业发展和社会需要等因素来确定个人的奋斗方向和目标，通过对自我目标的管理，来自我督促学习，进而不断提高个人的知识和技能，使自己能够德、智、体、美、劳全方面发展，从而成为合格的高技能人才。

（2）自我学习管理能力。

学习是每个人从自然人发展成为社会人的必然途径和手段，是人类生存与发展的推动力。人的知识和能力都是从学习和实践中得来的。作为学生，学习是主要任务，学生的竞争力就表现在学习能力上。因此，学生最重要的管理能力是自我学习管理能力，当今是一个竞争激烈的时代，人只有具备良好的自我学习管理能力，根据社会需要和个人目标来主动学习，才能够在社会上生存与发展。

联合国教科文组织发布的《学会生存——教育世界的今天和明天》指出了明天的文盲将不是目不识丁的人，而是不知道如何学习的人。在信息时代的今天，信息更新和技术进步的速度越来越快，人在一生的职业生涯中，将会从事不同的职业和变换工作地点，学生毕业后，在学校里所学的知识就会显得不够用或者过

时。而重新回到学校进行系统的学习也不切实际，这就需要学生通过不断自学，来充实知识、技能和情感，去适应不断变化的社会环境。而这种学习管理能力不是与生俱来的，它需要靠教育的连续培养，个人的不断努力，学会学习，进而达到终身学习的效果。

（3）自我技能管理能力。

在高职院校，职业技能是高职学生的核心能力，也是将来进入工作岗位后的生存之本。技能有职业技能和社会技能，职业技能如学习专业知识、考取各类证书、动手操作能力等；社会技能如人际交往能力、合作能力、竞争能力、沟通能力等。如果细化到专业，不同的专业又有不同的专业倾向和侧重点，如计算机专业的学生侧重电脑编程和操作，旅游专业的学生则侧重语言沟通和交际，而新闻专业的学生就侧重新闻的采访与写作，这也是高职学生的特色。高职学生针对自己的专业和职业发展，在学校系统学习专业技能的同时，进行自我技能的管理，参加科技活动，进行各种社会实践等，不断提升自己的专业技能。

2.社会生活方面

（1）自我人际管理能力。

有人的地方，就有人际交往，只要有人际交往，就必然会形成人际关系。高职学生虽然处在高职院校这样的环境中，但大学的开放性，使他们有机会接触更多不同的社会群体，这就要处理不同的人际关系。在与人的交往中，要遵循集体主义原则，尊重人、关心人、爱护人，建立和谐的师生关系和同学关系。

（2）自我时间管理能力。

自我时间管理能力即根据个人的情况妥善管理自己的时间。在高职院校中，很多学生有这样的疑问：为什么有的学生在有限的时间里既考到了好成绩又担任学生干部处理各种事务，还能使自己的课余生活丰富多彩呢？答案就是这些学生善于进行对自我时间的管理。

时间是人最宝贵的资源。每一名学生都应该对自己的时间进行有效管理，根据自己的情况确定这段时间应该做什么，不该做什么，提高效率，做到事半功倍。

（3）自我角色认知能力。

在不同的环境中，人们扮演着不同的社会角色。高职院校的学生，虽然还没有真正地进入社会，但是随着接触面的不断扩大，他们会遇到各种各样的人，要处理各种各样的事情，尤其是进行实习的学生和正在找工作的毕业生，他们的角色由学生转变为了公司员工，并且夹在公司、上级、同级及客户之间，若没有正确的个人定位，往往会处理不好人际关系，进而直接影响工作和学习的顺利进行。

高职学生在校期间要认真学习自己专业的职业道德和该职业的法律法规，从道德和法律的高度来认识自己和将来从事的职业，做好角色转换，调整好情绪和心态，将来才能真正融入社会，做好本职工作。

（4）自我金钱管理能力。

高职学生在离开父母后，日常的花费便由自己做主。有些学生便开始随意地大手花钱，部分学生还产生了攀比心理，把父母给的生活费随意挥霍，养成了不良习惯，甚至极少数学生将学费也用在了吃喝玩乐上，在校园中造成了不良影响。因此，要培养高职学生的生活自理能力就要培养他们的自我金钱管理能力，使他们树立金钱管理意识，建立明晰的金钱账目表，明确每一笔花销的去向，倡导学生把金钱用于知识的获取和技能的提高上。

3.行为心理方面

（1）自我行为管理能力。

根据社会伦理和组织所制定的行为规范，每个人的行为都可以分为正确的行为和错误的行为。高职学生要学习法律基础知识、本专业的法律法规、高职学生日常行为规范和各个学校制作的本校学生手册等内容，分清是非，以此规范自己的行为。在做事情时，要对照法律和规章制度，考虑这种行为是否正确，自我行为管理是否已达到职业化行为规范的要求。实习生和进入工作岗位的毕业生更应该坚守职业操守，遵循职业道德，才能体现高职学生的职业化素质。

（2）自我心理管理能力。

自我心理管理能力包括自我心态、自我情绪、自我反省等管理能力。

自我心态管理能力是个人为了达到人生目标进行心态调整以达到实现自我人生目标、最大化地优化自我的一种能力。作为高职院校的学生，不仅有学业的任务，还要面对就业的压力，要善于进行自我心态的管理，随时进行心态的调整，确保能够保持积极的心态。

情绪改变人的生活，不仅对建立良好的人际关系有影响作用，与他人友好相处也要调整控制自我的情绪。在高职院校中，很多学生间的冲突矛盾是由于某些学生过于冲动，控制不好自己的情绪，由口角矛盾逐渐上升到了暴力冲突。职业经理人的自我情绪管理能力中说成功的最大敌人是缺乏对自己情绪的控制。高职学生虽然还没有真正地走入职场，但是在求学阶段，同样要与人相处，也有社会实践、顶岗实习等经历，在与人相处和实习过程中，同样要控制好个人情绪，遇事要冷静，并及时化解不良情绪，将此作为工作前的锻炼，进入工作岗位后，才能更快地胜任职位，获得一次又一次的成功。

曾子曰："吾日三省吾身：为人谋而不忠乎？与朋友交而不信乎？传不习乎？"说的都是自省，即个人思考过去发生的事情，并从中总结经验，吸取教训。一方面，高职学生虽然做不到像曾子那样每日三省吾身，但是每一个人都应该经常反省自己，加强自我修养，去除心中杂念，理性地认识自己，才能对事物有清晰的判断；另一方面，还可以提醒自己改正错误，弥补过失。只有经常全面地进行反省，才能真正地认识自我，并付出相应正确的行动，这样才能不断地完善自己。作为学生，在每天的学习生活中经常会不可避免地犯这样或那样的错误，自我反省是不可或缺的。所做的工作是否不够尽心？与人交往是否不够诚信？老师传授的学业是不是反复练习实践了？职业技能是否应用熟练？要经常进行自我的问答，不断检查自己行为中的不足，切实意识到问题的客观存在，及时反思自己失误的原因，寻求解决途径，吸取教训，不断进行自我的完善。

(3) 自我激励管理能力。

对于高职学生，自我激励主要是指在学习和生活中，为达到目标，督促、鼓励自己不怕挫折，不断克服困难，应对挑战，努力奋斗的意志行为。因此，高职院校要培养学生的自我激励能力，引导学生树立自我实现的目标，调动其积极性，坚持奋斗，努力进取，使他们能够找回自信，正视自我，把握好未来的职业方向。高职学生都要不断地进行自我激励，使自己永远具有前进的动力，推动将来事业的成功。

### （二）学生自我管理能力培养原则

1.“三全性”原则

“三全性”即全体性、全面性、全程性。

全体性即自我管理能力培养是针对全体学生，让全体学生充分发展，使他们能够自主学习，自主管理，从而全面提高自身素质，使自己拥有综合职业能力。

全面性即培养“有理想、有道德、有文化、有纪律”的四有新人，使学生的德、智、体、美、劳全面发展，身心健康和谐发展，造就全面素质发展和综合职业能力的高级职业人才。

全程性即培养学生的自我管理能力必须贯穿学生的整个求学期间，并落实到每一个教育教学环节上，使学生在学习和训练过程中，潜移默化地提高自我管理能力。

2.计划性原则

高等职业院校的学生素质不同，兴趣爱好也不同，个体之间差异较大，这就要求教育工作者要因材施教，有针对性、有计划地来培养学生。学校和教育者应针对每一个学生的不同特点，根据社会对不同职业从业人员的素质要求，结合学生的身心特点，因人而异地引导学生，循序渐进地、有计划地为学生的自主学习、自治管理、职业发展提供学习机会，创设良好的学习情景与环境。

学生也应正确定位自己，为自己的学习和职业发展定好目标，制订好计划，一步步实施，努力提升自我。

3.组织性原则

高等职业院校的学生自我管理是要在学校组织和老师的指导下，有组织、有计划地进行，并不是让学生脱离学校和老师，随心所欲地进行各种活动和事务的管理，当然，学校和老师也不能任由学生自由行动，不受约束。学校在为学生创设自我管理环境和条件时，要制定各种规章制度，以确保学生在有约束的情况下实现自我管理的有效进行。

学生自我管理要坚持组织性原则就是要坚持民主集中制。学生管理机构的设置、各级干部的选聘、学生自我管理工作的民主化等都要做好，只有这样才能保证学生自我管理机制的正常运转。

4.阶段性原则

高等职业院校学生的身心发展呈现阶段性，可以概括为入学阶段、成长阶段和毕业阶段。针对三个阶段，学校和教师要实施不同的管理原则，并对学生进行不同能力的培养。入学阶段，学生进入新的环境，会感到生疏和无助，因此要重点培养他们在学习和生活方面的自我管理能力，使他们养成良好的学习和生活习惯。成长阶段，学生熟悉了学校规章制度和管理模式，建立了和谐的人际关系后，可以将一些班级和其他团体的事务管理教给学生，并逐步培养学生的社会生存能力。毕业阶段，学生即将进入社会，开始自己的职业生涯，因此要重点培养和锻炼他们的职业能力和社会生存能力，还要不断激励学生，调整好学生们的心理状态，顺利走上工作岗位。

5.实践性原则

为了增强自身的社会生存能力，保障职业的可持续发展，高职院校要进行实践活动的不断练习和训练，培养学生的管理能力。学生在实践中认识、总结，再实践，再认识，像这样循环反复地螺旋上升，并在此过程中学会学习，学会合作，学会生活，进而不断地适应社会。学生在实践中建构自己的知识，锻炼了技能，培养了能力，获得了真知，促进了自己全面素质和综合职业能力的提高。

## 三、提高学生自我管理能力的对策

### （一）更新高职教育管理理念，是加强自我管理的前提

随着我国教育改革的不断深入，我国的高等教育已经由过去的“精英教育”转变为“大众教育”。在这种转变下，学生的整体素质相应地发生变化。在这种转变下，要求高等学校必须更新教育管理理念，制定出以适应学生素质提高的管理策略。

传统教育模式以学校、教师对学生的管理为主，学生是被动的管理者。大学

只有充分发挥学生的自我管理作用，引导学生培养自我教育和自我管理方面的能力，促使大学生学会做事，学会如何做事，学会学习，学会如何学习，更新大学教育管理理念，将自我管理教育纳入大学的教育体系，并将其渗透到各学科、各专业及具体的教学环节中，使高职大学生在学习专业知识、不断拓展自己的知识结构的同时，提高学生自我管理意识，培养全面的、协调的、与时俱进的创新型人才。具体途径为：分阶段提升高职学生自我管理能力及正确引导高职大学生树立正确的自我管理的理念。

1.分阶段引导高职大学生逐渐提升高职大学生自我管理能力

由于高职大学生在入校的三年中，每年的情况都不一样，可以以年级为阶段逐渐培养学生自我管理的能力。

大学一年级阶段，由于高职学生刚从高中走出来，此时的重点是熟悉学习、生活环境，构建周围的人际关系。学校在此阶段的工作重点是提升学生的自立、自理能力，让学生明白大一阶段需要完成的目标，并对高职三年学习生涯有大致的学习规划，具体的方法是通过开办各类讲座，鼓励学生参加各种社团及活动，调整学生的思维方式、学习习惯、社交能力等，从角色上转变为大学生。

大学二年级阶段，由于学生有了一年级的熟悉和调整，从行为和心理上已经具备了大学生的自理、自立素质，从专业知识上开始加强学生学习意识，并树立学生的职业观念，培养高职学生应具备的职业操守和社会道德，教学生如何做人，如何将这些观念应用到以后的工作中去，从各方面来严格要求自己，将自我管理能力落到实处。

大学三年级阶段，学生经过两年的学习，已经基本具备了自我管理能力及所需掌握的专业知识，此阶段就是要学生将其所学予以致用，学校要鼓励学生接受社会考验，积极参加社会实践活动，让学生学会自我管理、自我约束、自我保护、提高学生综合素质，提高竞争能力，学会合作，为毕业踏入社会做准备。

在高职学习生涯中，每一时期学生所处的阶段不一样，需要学校对其加以引导，同时学生要根据自己的实际情况，加上社会、自身的努力，逐渐完善自我。

2.高职院校积极引导大学生积极树立自我管理理念

高职学生树立自我管理理念，是学生成才以及以后迈入社会所需具备的基本能力。学校在树立学生的自我管理理念方面途径比较多，首先需要学校在教学管理方面引起重视，并将这种思想具体落实到各种活动中去，如开展各种讲座、论坛等形式，引导高职大学生学会自我管理的具体方法，逐步培养学生的自我管理能力。

### （二）建立健全高职学生自我管理体系，是加强自我管理的保障

1.日常生活与学习活动是加强自我管理的主阵地

高职院校要培养学生的自我管理能力，首先就需要在学生的日常生活和学习活动上下功夫。开展民主、团结、积极、上进的日常生活和学习活动，让自我管理理念深入学生心中，使其自觉加强自我管理。

在日常生活中，让学生正确地认识自己，制定出符合自己的日常行为规范，以实现自我管理和自我教育。

在学习上，以培养学生的自学能力为途径。自学是独立获得知识和技能，培养能力锻炼品德的一种学习活动，它可以培养学生的创新能力，将学生地业余时间转移到正常、有序的日常生活和学习中来。

2.班集体活动是加强自我管理的重要基地

班集体活动是培养学生自我管理的最佳方式，通过学生自身组织促进学生自我管理能力的班集体活动。在共同的活动目标下，将所有学生都组织起来，不仅培养了学生的团结精神，还促进了学生的交流和集体观念，也促进了学生的自我教育，其形式主要包括以下几种。

（1）组织健全的班集体学生干部管理制度。

班集体学生干部是班集体学生管理的重要力量，在辅导员的指导下，班级成员之间相互合作，进行学生事务的管理，开展多种形式的活动，培养了学生的自我管理能力。

班集体学生干部可以通过竞选的形式，提高学生参与的积极性，这样不仅锻炼了学生的班集体管理能力，同时也增强了班集体的团结力，提高了学生的自我管理能力。教师和学生之间由于年龄的原因，举办各种班集体活动时要多咨询学生，活动要贴近学生的喜好和实际，以满足学生的心理需求。

（2）学生组织及社团活动是加强自我管理的重要平台。

各类学生组织及社团活动是培养学生加强自我管理的重要平台。学校所搭建的各种学生组织及社团活动多以培养学生的实践能力和喜好为目的，更是为了提升学生的自我管理能力。可以通过开展各类活动提高学生的自我设计、组织管理与协调能力，多鼓励学生积极踊跃参加各种社团和组织，凭借各种学生组织和社团活动，让学生有事可做，有事可筹划，使学生从中获得成就感和自信心。通过活动的开展逐渐培养学生良好的品德，提升学生的领导组织能力和分析综合能力。

（3）充分运用网络开展学生自我管理能力培养。

以辅导员或管理者为负责人，以网络为平台，建立班级QQ群、班级微博、微信群等，将思想政治教育扩展到网络，建立网络虚拟社区，加强学生与教师之间的沟通交流，充分运用网络资源加强对学生自我管理能力的培养。

### （三）社会实践是加强学生自我管理的重要途径

社会实践可以大致分为两类：根据专业而选择的对口社会实践和创业实践，无论何种社会实践都能有效地加强高职学生自我管理能力。

1.社会实践活动有利于缩短理想与现实的差距

社会实践活动是一种将学生思想与现实相衔接的最好途径，通过学校的各种社会实践活动，有利于纠正学生的思想，与社会、现实挂钩，缩短理想与现实的差距。

2.社会实践是自我检查、自我控制能力提高的过程

社会实践是大学生对理论知识的转化和拓展，可以培养他们运用理论知识解决实际问题的能力。大学生以课堂学习为主要的接受方式，这对大学生来说非常重要，但这些理论知识并不代表大学生的实际技能。社会实践能够使大学生接近社会和自然，获得大量的感性认识和许多有价值的新知识，同时使他们能够把自己所学的理论知识与接触的实际现象进行对照、比较，把抽象的理论知识逐渐转化为认识和解决实际问题的能力。

3.社会实践为学生提供了独特的自我评价途径

社会实践活动将学生与现实世界相衔接，通过社会实践活动直接提升学生的自我管理能力、专业技能水平及思维方式。通过社会实践的开展充分修正学生的核心价值观，树立正确的自身评价意识，对人生的发展起到关键作用。

### （四）职业生涯规划是加强学生自我管理的有效载体

大学生的职业生涯规划，是结合自己的兴趣、爱好和专业特长及知识结构的基础上，对人生发展所做出的方向性方案。

职业生涯规划的前提是建立在正确的自我认知上，有了正确的职业生涯规划，就有了发展的动力及奋斗的目标，并自觉地加强自我管理。

### （五）提高教师及管理者管理水平是提升学生自我管理能力的关键

高质量的教育才能培养出高质量的人才，所以适时构建、提升基于学生特点的高质量教师管理队伍及水平是提升学生的自我管理能力的关键。

子曰："其身正，不令而行；其身不正，虽令不从。"这就是告诉我们，作为传道授业解惑的教师，其自身必须端正，为学生做出表率，那么学生自然就会跟从，如若教师自身不正，那么虽然三令五申，学生也不会服从。肩负"教师育人"使命的教师在教授别人之前也需要提升自身素质与修养。"学高为师，身正为范"，在生活和学习等多方面要主动做好榜样，通过言传身教感染学生、打动学生，学生在潜移默化中也具有了高尚的情操。

辅导员岗位对于高职院校来说，占据着举足轻重的地位，对辅导员经常进行

培训，提升其管理能力，是每个高职院校必须重视的一项工作。提升辅导员的工作素质与人格魅力，不仅可以拉近与学生之间的距离，易于学校开展各种工作，同时也可以逐渐提升学生的自我管理能力，让学生在辅导员的影响下，学会学习、学会生活、学会自我管理、学会交往等。

学生自我管理能力的发展，是一个长期的、多方面共同努力的结果。除了学生的自我作用外，家庭、学校和社会在学生的自我能力培养中也扮演着重要的角色。这就要求我们不仅要重视学生的内在因素的培养与引导，更需要思考学校、家庭和社会在培养学生自我管理能力方面的与影响。在正确引导和教育的同时，要站在学生的角度看待问题，既要重视家庭教育、学校教育和社会教育，也要充分发挥学生个人自我管理的作用，促使大学生自身全面发展。

## 第四节　企业化管理模式

### 一、企业化管理模式概述

#### （一）企业管理理念与企业文化

1.企业管理的含义

企业管理的定义，就是企业为达到既定的目标，对企业的生产经营活动进行计划、组织、领导、控制，以充分运用企业的人力、物力和财力，使其发挥最大的效用。关于企业管理理念。所谓企业管理理念，就是企业领导者包括全体员工在企业生产经营建设全过程中用科学的制度、方法对内外部资源进行合理配置并不断寻求新的发展而形成的一种共识，是一种与时俱进的价值观。其本质是一种对管理者的思维起指导作用的方法论。

2.企业文化

（1）企业文化的定义。

企业文化是指一个企业中的各个部门，至少是企业高层管理者们所拥有的那些企业价值观念和经营实践。谭道明认为：企业文化是指企业职工在从事商品生产与经营中所共同持有的理想信念、价值观念和行为准则，是外显于厂风厂貌、内隐于人们心灵中的、以价值观为核心的一种意识形态。

企业文化的概念可以这样表述：企业文化就是在一定的社会历史条件下，企业在长期的生产经营过程中形成的具有自身特色的精神财富及其物质形态，包括企业价值观、企业精神、道德规范、行为准则、风俗传统以及企业制度、文化环境、企业产品等。

（2）企业文化的特征。

人本性。企业通过文化因素对员工的价值观、精神、道德等进行引导和控制，以使企业顺利实现目标。企业文化是文化的本质和人的本质的统一，所以总是体现着以人为中心的特征。

传承性。经过漫长岁月的磨炼和经验的积累，企业文化会逐渐形成相对稳定的传统，企业成员在这种传统的优势中与企业同心同德，共创未来。

创新性。企业文化也要与时俱进，随着企业的发展要求不断创新进取，正确地引导企业的思维方式、价值观念和行为模式。

独特性。每个企业的发展历程是不同的，每个企业的经营管理的手段和方法也不同。

因此，形成了每家企业文化的各具特色的情况，表现出其明显独特性。

3.先进的企业理念和企业文化介绍

（1）人本管理理论。

彼得•德鲁克曾说“企业只有一项真正的资源——人”“企业即人”，企业无“人”则“止”。企业就是一个有血有肉的生命体，其生命活力之源就是人。正松下幸之助所言，“没有人，就不存在企业”。“企业为人”，人本管理认为：管理的本质是激励。

（2）集权与分权的统一。

注重员工的权利，并使员工参与企业的管理之。有效管理的关键是职工参与，全员参与的管理充分体现了以员工为主体的管理方式，以及企业人性化管理的模式，从而使人人都有授权的感觉。

（3）培养和发挥员工的团队精神。

所谓团队精神，简单来说就是大局意识、协作精神和服务精神的集中体现。团队精神要求有统一的奋斗目标或价值观，而且需要信赖，也需要适度的引导和协调，团队精神强调的是组织内部成员间的合作态度，为了一个统一的目标，成员自觉地认同他们肩负的责任并愿意为此目标共同奉献。团队精神在企业文化建设中有着非常重要的意义，团队精神是企业生存发展的灵魂，只有充分地发挥团队精神，企业才能发展壮大。另外，团队精神把企业变成一个命运共同体，每个员工都要充分地发挥自己的聪明才智，营造团结和谐的企业文化，提高管理效能和工作绩效，使企业逐步走向成功。

（4）利用激励手段发挥员工的积极性。

激励是一个领导行为的过程，它主要是激发人的动力，使人产生一种内在动力，朝着所期望的目标前进的活动过程。

（5）应用精细化管理手段进行管理。

工作程序精细化，注重以员工的利益为出发点。

(6) 运用目标管理理论经营企业。

企业和每个员工都设立自己的奋斗目标，共同朝着目标努力，从而推动企业全面进步。

### （二）学生管理企业化模式

高职院校学生管理企业化模式，主要是指在先进企业理念和企业文化的指导下，对学生有目的、有计划、有组织地进行教育管理和服务，将学生培养成为德、智、体、美、劳全面发展的社会技能型人才。

高职院校的办学方针是“以服务为宗旨，以就业为导向”，对人才的培养目标是培养面向生产、建设、管理、服务第一线的技能型人才，基于这些特点，在学生管理中引入企业管理的理念与方法是非常必要的，不仅可以使学生在校期间学好理论知识，专业技能，还能够感受企业的氛围，缩短学生就业的适应期。这种管理模式对企业和学校而言产生双赢的效应。对于企业来说，有利于人才的引进和技能的交流；对于学校教师来说，可以不断汲取企业的知识和理念，开阔视野；对于学生来说，可以提高职业素质，实现学生和准职业人的对接。

## 二、高职院校学生管理导入企业管理模式的可行性分析

目前，高职院校正朝着产业化、市场化、国际化的方向发展，其管理也由过去的办高职院校、管高职院校的管理模式向经营高职院校转变。通过上文的分析，高职院校的学生自身的特殊性决定了管理模式的特殊性，将企业管理改革的成功经验引入高职院校学生管理中是具有可行性的，也是适应当今高职院校发展潮流的需要。

### （一）高职院校具备引入企业管理模式的基础

1.高职院校发展特色具备引入企业管理模式的条件

高职院校发展特色主要表现为以下十大融合：

培养目标——高素质与高技能相融合。

培养主体——学校与企业相融合。

课程教学模式——理论与实践相融合。

教学过程——学习与工作相融合。

实践教学体系——校内实训与校外实训相融合。

师资队伍——专职与兼职相融合。

校内实训基地——教学性与生产性相融合。

质量监控体系——目标管理与过程控制相融合。

校园文化——学校精神与企业文化相融合。

学校功能——人才培养与社会服务相融合。

高职院校的这些特色为引入企业管理模式打下了良好的基础。

(1) 培养目标的特色分析。

高职教育主要培养具有一定理论知识、动手能力强的实用型人才。高职院校为了实现这一目标要求，建立“市场过渡窗口”，即在企业中开展“顶岗实习”的“准就业”的实习模式，与实习单位建立长期的合作关系，使学生尽快适应社会和企业的要求，将学生培养成为职业型、高级型、技术型的高素质人才。

(2) 专业设置的特色分析。

高职院校的专业设置要与企业要求相融通。首先，专业设置要根据市场的需求及时调整专业的发展方向，使专业具有针对性、适应性。其次，在专业设置的原则方面，要保证设置的专业具有科学性、前瞻性、技术性和示范性。

(3) 高职课程与职业资格证书相融通的特色分析。

高职院校在进行课程体系设置时，把职业资格标准融入课程体系中，即“课证融通”，实现专业课程内容与企业的岗位技能需求的紧密结合。同时，根据职业岗位要求不断实现课程的创新，及时地纳入发展前沿的新知识与新技术。另外，为实现学历教育与职业资格证书教育的紧密结合，建立职业技能考核体系。

2.高职院校学生管理与企业管理具有相似性

从目标的确立上看，每个企业都有自己独特的企业文化，生产出高质量的产品，并且让这些产品在市场上畅销是每个企业所追求的目标。同时，企业通过对员工的激励和引导，使每个员工都朝着企业的目标去努力。同样地，学生管理者的目标是将学生培养成为社会需要的人才，做到毕业后，就得到就业单位的认可。

从管理理念上看，目前学生管理大都是以学生为主体，以学生为出发点，注重柔性管理。而企业目前推崇的也是情感管理、人性化管理、精细化管理等基本理论。

从绩效考核上看，企业制定了个人绩效与薪酬挂钩的目标考核制度，所获得的收入与取得的成绩成正比。学生管理中注重加强其综合素质，细化其评分标准，这些量化考核分数与将来是否获得奖学金挂钩。

### (二) 高职院校具有引入企业管理模式的市场动力

1.高等职业教育遵循市场规律

市场规律是以需求为导向，以价格作为调节手段的市场关系。职业教育是面向社会、面向市场办学的，所培养的技能人才是社会、市场所需求的。遵循市场规律办学，还要注意教育规律和市场规律的结合。学校所培养的人才是高技能的人才，要保障效益的实现，以最少的投资获取最大的成果，实现资源的优化配置。高职院校要通过走产学研结合的教育之路，培养的学生要符合市场的适销对路、高质量、低成本、高竞争力要求。同时，高职院校要运用市场调节的手段，完善招生和分配制度，把好招生关、专业关、产教结合关和就业关，利用多种形式，促进学生就业。

2.人才市场需求多样化的需要

随着知识经济和信息时代的到来，知识技术的更换率越来越快，而目前我国许多产品无法走出国门，其原因不是理论水平达不到，而是工人技术素质不能满足科学迅猛发展的需求。因此，技术技能型人才和复合技能型人才受到市场的青睐，唤醒了人们的高职教育消费意识，出现了高职教育市场需求的多样化和学生数量的持续增长，刺激了高职院校的企业家精神，直接推动了高职院校企业化管理的产生与发展。

3.学生零距离就业的需要

从某种意义上说，高职教育是一种就业教育，与企业有着天然的联系。目前，高职院校毕业生就业压力大已成为社会比较关注的问题，也给高职院校的生存与发展带来了很大的挑战。在这种形势下，高职院校注重对学生的培养实现零距离就业目标的要求。即一毕业就能上岗工作，不需要单位的再培训。因此，高职院校学生管理需要引入企业的管理方式，达到学生零距离就业的需要。

### （三）企业化管理模式成就产学研结合的办学理念

1.产学研结合的办学理念的内涵

生产、教学、科研是高职院校的三项基本职能。产学研结合的办学理念就是将三者有机地结合起来，将学生培养成为岗位所需要的高技能人才，实现学生的零距离就业的办学理念。教师通过“三结合”，提高了教学科研能力和理论知识水平；学生通过“三结合”，提高了实践能力，达到了人才培养目标的标准；学校通过“三结合”，结合企业技术改造，充分开展科研工作，拓宽了发展空间，形成自身的特色和优势。在产学研结合理念的指导下，高职院校不仅为企业提供了教育服务，还使教学、管理和人才培养水平上了一个新台阶，推动了学校的持续发展。

2.企业化的管理模式成就产学研的办学理念的途径

（1）校企合作、工学结合的培养方式。

高职院校要多渠道与企业建立合作关系，为学生实践和就业创造条件。教师从企业中来：学校要聘请来自企业的高技能人员做兼职教师，他们具有很强的实践能力、科研能力，为培养学生的实践能力提供师资准备。教学在企业中，学生除了依靠学院的实验实训室，还要依托企业，在工厂建立实训基地，通过实地的安全教育、现场观摩、跟班实习、技能培训等教育方式培养学生的适应能力。学生到企业中去：让学生到生产一线去接受实训，身临其境地感受企业的环境。使学生一就业就能把先进企业的文化、技能以及经验带到新的工作岗位。

实践证明，“校企合作、工学结合”是高等职业教育办学的理想之路，它形成了以校内外实践教学基地为载体的“实习—就业”一体化办学模式。

(2) 零距离的岗位技能培训。

所谓零距离即直接式的职业培训，学生在学校直接接受知识技能的培训，在职业培训之后就可以直接上岗，不需要企业再培训。学生在校的实训课时比例占总课时数的1/2至2/3，同时，实训内容和要求，充分模拟职业资格标准中的鉴定模块，达到教学内容、实训项目、证书标准的有机结合。岗位培训，使学生在“仿真”的模拟岗位上完成对技能的实际应用，使学生达到对知识和技能的应知、应会、应熟。这样，学生在取得学历证书的同时，还能取得职业资格证书或技术等级证书，满足用人单位的需求。这种教育方式不仅节约了教育资源，还缩短了岗位适应期。

(3) 订单式的定位培养。

所谓订单是指企业等需求部门提出人才培养的模式、内容、具体要求，由学校负责培养。企业等需求部门需要多少技能人才，都由需求部门下订单，学校按订单培养，需求部门验收合格后，就可以到需求部门就业。这种培养方式更需要产学研结合的办学理念，学院每年与企业签订校企合作办学协议，并将学生派往单位进行顶岗实习，按照企业的管理目标，学生要严格遵守企业的管理制度，必须统一着装，挂牌上岗，实训实行严格的8小时工作制，做到不迟到、不早退。同时，要求学生做到工作环境一尘不染、工作态度一丝不苟，树立学生的职业意识与职业道德。

(4) 实习基地作用的充分发挥。

实习基地的建设是高职院校实现产学研结合的硬件条件保障。高职院校在大力发展现有的校内实训实习基地外，还要不断拓展校外实习基地。校内实习基地建设不要只停留在感性认识和动作技能训练上，还要进行就业岗位所需的岗位能力模拟训练。校外实训基地主要是与企业的对接，让学生从实训岗位走上“工作”岗位，促使学生在企业环境中从“学习人”向“企业人”的转变，从知识技能到生产操作的转变。

(5) 积极参与企业科研培训和研发，推广科研成果。

积极创新科研能力，也是产学研结合理念的一个基本要求。由于校企的长期合作，雄厚的师资队伍，高职院校科研正朝着可观的方向发展。科研成果的推广既为企业创造了经济效益，同时也提高了教师实践能力和创新能力，促进了教学改革顺利进行。

### （四）校园文化与企业文化具有相融性

1.企业文化的核心理念在校园文化中的应用

目前，国内外优秀企业的先进理念和管理方式已经逐渐渗透到高职院校的校园文化之中。一是人性化管理的理念。将“以人为本”的思想全面落实到校园文化的管理中，尊重每一位教职工和学生。二是创新发展的理念，创新是与时俱进的时代理念，每个人都要培养良好的创新精神。三是全面质量管理的理念。高职院校时刻根据市场的需要确定院校的人才培养目标，为社会培养出高质量、高素质、高技能的复合型人才。

2.校园文化与企业文化具备交流的平台

校园文化与企业文化要融合，首先要搭建两者交流的平台。一是活动载体平台。校企联办校园文化活动，学校宣传企业产品，而企业为学生的各种技能培训和社会实践提供平台。二是搭建网络平台。通过网络，学校和企业可以进行技术、科研、就业等方面的交流。三是校企双方共建实训基地。通过在企业设立实训基地的方式，达到学校文化和企业文化的融通。企业适当提供部分生产设备，而师生直接深入企业生活、学习和顶岗实践，感受企业文化，培育企业精神。这种途径不仅适应了市场经济条件下校园文化中建设的要求，更重要的是还拉近了企业与学校的距离。

3.职业素质教育促进校园文化与企业文化的融通

为了加强学生的职业素质教育，学校开设企业文化课程，按企业员工的行为规范塑造学生，强化其纪律观念、诚信意识、竞争意识，提高其敬业、团结协作能力等教育内容。

另外，学校的校园环境要体现企业文化特色。例如，在校园醒目的地方悬挂国内外著名企业家的画像，在教室里贴上著名企业家的经典言论作为学生的座右铭，在橱窗中展示校友成功的创业经历等体现优秀的企业文化。

4.校企合作，工学结合实现校园文化与企业文化融通

首先，通过校企合作、工学结合实现了学生的实习实训活动。管理企业化、班级管理活动、企业框架化、知识理论实践化，使学生在校园就可以接受企业文化的熏陶，触摸到市场的脉搏，提升学生的职业素养，塑造了全新的育人环境。

其次，推广企业文化中的形象战略。诚邀企业的管理精英、技术精英、营销精英等不定期地对校园文化建设进行规划和管理设置，丰富高职校园文化建设的内容。

最后，改革高职院校对学生的管理方式，引进企业的管理模式。学校应借鉴

企业文化管理的经验，对学生管理方式进行改革。

## 三、高职院校学生管理企业化模式的构建设想

### （一）宏观管理制度的企业化

1.绩效考核制度

绩效考核主要是对个人和部门平时的工作成绩和表现的一个评估，依据系、班级制定的考核细则和考核办法，各部门主要负责人主要负责对组员的日常考核，班主任打分时参考各部门负责人的意见。部门的考核由纪检部提供平时工作记录，班主任给予考核与评价。

2.考核责任制度

个人日常考核由部门班委负责，结果按月总结，形成月度汇总表，由部门班委签字确认并交班长审核，班长审核签字后交班主任，当月考核完成。部门考核由班主任、班长负责，考核结果由组织部分类保存，作为期末考核的基础。

3.例会制度

每周固定时间召开学生干部会议，由学生管理工作者主持，会议主要是对一周工作的简单总结，并提出工作中的不足。然后对近期工作做一个安排与分工，以提高工作效率。相关负责人应如实做好考勤工作和会议记录。

4.人员配备管理制度

为了系、班级的不断提高进步，及时地选拔优秀的学生干部，并坚持任人唯贤的原则。学生干部的选拔程序是：首先填写个人自荐表，写出自己胜任的优势；其次学生工作管理者对这些学生进行面试，选拔出素质高、组织能力强、语言表达能力强的学生，根据他们的平时表现和兴趣爱好、个人特长等条件定出相应的工作部门。

5.学生培训制度

为全面提高学生的职业素质，对学生进行职业素质教育的培训。按照人才培养计划，一年级进行入学教育，二年级进行职业素质教育培训，三年级进行职业技能和就业教育培训。除此之外，对学生干部每学期进行培训。另外，还要针对如何做一名优秀的学生干部等内容展开培训。

6.授权管理制度

将学生的管理、监督、考核等权利部分授予学生干部去执行。平时学生管理工作者主要负责指导和处理班级重大事务。在平时的工作中，随时对各部门工作进行检查，并随时找到各部门班委汇报近期工作；给各部门班委工作充分的自由度，各部门之间可根据自己部门的性质制定适合部门发展的规定和管理方法，充

分发挥主观能动性。

### （二）班级管理的企业化模式

班级管理的企业化模式就是把企业文化、管理理念、制度和运营方式融入班级管理和教育中，把班级与公司进行虚拟上的联系，教师的角色相当于董事长，班长相当于企业的CEO，班级干部相当于企业的中层领导，普通学生就是员工。这样班级成员就有了双重身份即学生和“企业员工”，通过这种“仿真公司”的运作，能够强化学生的职业意识，提高职业道德素质，感知企业文化和精神，为将来就业打下良好的基础。

1.组织机构的设置与管理

教师作为公司（班级）的董事长是公司发展的指导者，向员工（学生）提供法律、道德、心理学等方面的知识，同时帮助员工提高职业道德和业务水平。班长作为公司的总经理主要负责召集董事会议和平时的日常工作。参照企业的部门设置方式，我们将班级设置成6个部门来管理，原来的班委即为相应的部门负责人。

每个部门与企业（班级）整体发展息息相关。平时工作每月进行一次量化考核，每学期期末对工作完成情况进行总结。

2.管理层的选拔、任命及考核

当一个公司（班级）刚刚组建时，从许许多多陌生的面孔中选拔出一个CEO（班长）是关键的一步。首先，自我推荐——向领导和员工介绍自己的优势，并递交自荐书，领导根据自荐书的内容和其语言交流对其有个初步的了解；其次，民主选举——通过不记名投票形式选出大家一致认为比较合适的人选；最后，暂定人选——在试用期内对其考察，确定他的去留。对于中层干部（各部门负责人），可以进行较长时间的考察，试用期中的CEO可以发挥自己的作用，直接了解和考察他们。在一段时间后，由CEO提名，董事会审查确定出最佳人选。在完成干部的选拔后将不断对他们进行考察。例如，可以让CEO组织一场晚会，所有的工作都由他自己安排。在这个活动中，通过整场晚会的效果及创新性可以看出CEO的能力，晚会的整个连贯性可以体现组织部负责人的能力；晚会的节目效果可以看出文体部负责人的能力；晚会卫生和秩序可以看出生活部负责人的能力等。通过组织这个活动，不仅能看出每个中层干部的能力，还能使他们亲身领悟出存在的问题以及改进的方法。经过这样几次活动，根据这些班委成员的表现，对其能力进行审核，督促他们提高。对于没有能力的中层干部，指出其错误并将其撤职，对于其他表现出色的普通员工，应给他提供充分的发展空间。

3.激励制度的建立

为调动公司每位员工工作的热情和积极性，建立激励制度，根据平时的量化考核分数，设立虚拟奖金（班级统一制作的代金券）。如班级量化分数1分，虚拟工资为10元。实行按劳分配的制度，为公司带来效益就提高虚拟工资水平，违反公司规定就要扣除工资。

如公司的奖励条例规定如下。

（1）全勤奖：保质保量完成各项生产任务，一月内无迟到、早退、旷工、请假者奖励100元。

（2）部门先进奖：部门工作完成得好，部门员工无违纪情况，每月每人奖励100元。

（3）以班级利益为重者：例如，代表班级参加各种比赛者每次30元，获奖再酌情加钱。

（4）董事会成员履行职责成效显著者获得虚拟奖金50元。每月选出最佳员工2名，获得虚拟奖金50元。每月选出星级员工2名，获得虚拟奖金100元，并给其家属发去贺电。

公司的违规处理条例规定：上班迟到、下班早退一次扣虚拟工资10元，旷工一次扣虚拟工资30分；生产事故一次扣100~200元；不按规定佩戴校徽、实训课不按规定穿服装者一次扣虚拟奖金20元；因各种原因出现违纪处分一次扣工资100元；董事会成员未能履行自身职责造成公司损失的扣除虚拟工资80元并降级。

4.班级规章的设立

高职院校学生在校期间严格按照企业制度管理是非常重要的，在制定班级制度时最大化地依据企业规章制度，形成富有特色的企业化班级制度。

如公司制度规定，每位员工应按时上下班，完成自己的生产任务：认真履行请销假制度；搞好厂区卫生和生产的气氛；另外，员工要注意仪表，上班期间穿工作服；严禁携带管制刀具和其他易燃易爆危险品进入厂区；同事之间和睦相处，发扬团队精神；遇事要冷静，采用正当的方式维护自己的权益。参考公司的规章制度，建立有效的班级管理制度。

（1）出勤考核规定。

①学生应按学院规定时间参加学习和各项活动，无特殊事由不准请假。

②病假、事假、公假、迟到、旷课、旷宿的认定按学院相关规定执行。

③学生会纪检部负责安排好值班人员，每日检查全系各个班级的出勤并做好记录，每日下午第7、第8节课后向负责相应班级的辅导员报告当日出勤。

④辅导员负责统计好所负责的班级学生每日出勤情况，每周五下班前将一周的出勤情况报至系内学管部门。

⑤遇有学生旷课、旷宿、未按时返校、不请假擅自离校等特殊情况，班主任、辅导员等应及时追查，核实情况，并应及时报告至系内主管领导。

⑥系内学管部门不定时对学生出勤情况进行检查。及时统计学生出勤情况，达到相应标准者及时按学院相关管理规定做出处理，必要时，上报学生处等学院相关职能部门。

(2) 学生请假的规定。

因私人或家庭亲属的重大事件无法按学院规定时间上课所请事假，无论时间长短，必须由家长与班主任联系：因身体原因无法按时上课，须提供医院的相关诊断证明，并在诊断证明上注明“建议休息时间”，根据其上的时间准假，请假3天以上者，须二甲以上医院的诊断证明；身体不适，想回宿舍休息者，事先通知班主任，由班主任（在班主任没空时，由班长）带领去医务室，经医生证明确需休息者，再回宿舍；因参加院、校开展的重大活动，并经有关院、校领导证实后确实无法按时上课时请公假；学生因病、因事不能按时上课或参加集体活动，必须办理请假手续，否则按旷课处理。病假没有诊断证明者，按旷课处理。

另外，学生请假在3天以内，应以书面形式向班主任提出申请，批准后生效；请假在4天至7天之以内的，应以书面形式向班主任提出申请，经班主任审核、系主管领导批准后生效；请假在8天及以上的，应以书面形式提出申请，经班主任审核、系主管领导批准、学生处签署意见后生效。

(3) 卫生考核管理办法。

环境卫生区采取区域管理负责制，以班级为单位划分管理范围，各个班级负责人负责安排每日的卫生清扫及值日人员；教室卫生由各班负责，各班委会负责安排每日的值日人员，每日晨起上课前及晚下课后进行卫生清扫；各宿舍由宿舍长负责安排每日的卫生值日人员，负责宿舍内每日的卫生清扫工作；每月月初第一周的周四下午为全系大型卫生清扫日，要求全系各个班级对所属环境卫生区、教室、宿舍进行一次彻底的卫生清洁工作。

(4) 学生仪容仪表规范。

①着装基本要求：穿戴整洁、朴素、大方，不得穿奇装异服；上课时，不准穿拖鞋、背心等不符合学生身份的服装；女生不准穿吊带衫、吊带裙，不准穿过分暴露的衣服，不穿超短裙和过分紧身或过于透明的服装；上实验操作课和体育课，应按专业要求着装。

②发型基本要求：自然、整洁，符合学生身份，显示青少年朝气蓬勃的精神状态；男生不留长发，不许剃光头，不染发、不烫发，不留怪发、不留碎发，做到前不扫眉、旁不遮耳；女生不准梳怪发，不梳各种怪异刘海、不梳怪辫。

③其他仪表、仪容及行为规范要求：不佩戴夸张饰物，如挂件、戒指、耳环、

项链、手链、脚链等饰品，不化浓妆，不装饰指甲，校内不戴墨镜；主动接受学校教师、学生干部仪表仪容检查；严禁学生携带打火机、香烟进课堂；姿势体态自然大方、适宜得体。

5.团队精神的养成

团队精神是企业快速发展的法宝，对于班级、公司也同样重要。在培养班级学生团队精神时要注意：团队精神的基础是挥洒个性。根据个体差异设置不同的成才目标和成长类型，给予不同的表扬，培养每个同学的特长；协同合作是团队精神的核心，即团队的根本功能就是由各部分组成的团队业绩大于各部分之和；团队精神的最高境界是凝聚力，这种力量是来自团队成员的内心动力和共同的价值观。那么，我们又有什么途径培养班级的团队精神呢？

（1）确定共同的目标。

目标的确立要导向明确符合实际的需求。班主任可以为同学们每月设立一个班级目标，第一个月争创卫生模范班集体，第二个月争创纪律模范班级等；使同学们在目标的认同上凝聚在一起，发挥团队力量共同实现目标。

（2）学会服从团队，树立我为人人，人人为我的思想。

团队的每个成员要学会个人服从集体、识大体顾大局，每个人都担负起自己的责任，尽量在自己部门里解决摩擦问题，为班级创造良好的学习生活条件，主动帮助他人，形成班级凝聚力。

（3）班级成员之间要做到有效的沟通与交流。

通过沟通和交流，成员能够明确各自的任务和职责，达到正确分工协作，把大家的力量形成合力。班级的每名成员都要学会推心置腹地与人交流，并向他人推销自己的主张，同时认真倾听别人的意见和主张，达到求同存异，通过互相理解来互相合作。

（4）扩大班委成员的影响力。

班委成员是班级开展工作的核心。树立为同学服务的管理心态，用自己的组织协调能力来带领团队成员完成组织目标。班委成员要注意倾听不同的声音，虚心接受不同的意见和观点，然后对其加以重视和思考，提出改进的方法。这样就可以形成以班干部为核心的团队合力。班委成员的选举实行竞聘制度，经过民主公平竞选演讲，建立一支强有力的班干部队伍，使他们成为凝聚班集体的纽带。

（5）强化制度，引导每个同学都成为班级的主人。

给学生搭建展示自我的平台，创造学生主动参与班级管理的机会，形成学生自主管理的班级管理模式。充分尊重学生的情感需要，营造和谐的、积极向上的班级氛围。

6.品牌意识的强化

建设具有特色的企业文化是企业管理的战略目标，班级管理也要建设适合班级发展的班级文化，它对全班同学习惯的养成、职业道德的塑造有很强的推动作用。良好的班级文化可以促使每个班级成员都自主为班级建设作出自己的贡献，建立具有特殊的班级品牌。但是，良好的班风的建设需要正确的引导。首先要根据班级学生特点来确定班级建设的着重点，并确定班级发展目标和学生阶段性培养目标；其次，在目标实现过程中要时刻关注学生的动态，全方面抓学生品质、学风和职业意识；最后，要时刻对良好班风进行巩固。狠抓班级里积极向上的力量，让这些力量成为班级的主流，带动全班同学朝着正确的方向发展。

通过上述分析，班级企业化模拟管理具有以下意义：首先，它最大限度地发挥了学生的主观能动性，实现了学生的自我教育、自我服务和自我管理；其次，培养了学生团队协作的能力，学生作为团队的一员实际参与班级管理，提高了责任意识，自觉地将个人发展要求和团队目标结合起来，与团队成员的沟通协调，培养了良好的人际交往能力；最后，培养了学生的职业素养和职业精神。学生在班级中提前适应了企业的管理方式，为学生零距离就业打下了良好的基础。

**（三）企业的相关理论在学生日常管理中的应用**

1.学生素质教育与企业6S管理文化的融合

（1）6S管理的概述。

6S管理来自5S管理，5S管理理论起源于日本。5S来自日文的“SE1RI（整理）、SEITON（整顿）、SEISO（清扫）、SEIKETSU（清洁）、SHITSUKE（素养）”的第一字母“S”，统称为5S；2000年，海尔公司引进“安全”（SAFETY）一词，发扬成为6S管理理论。具体内容如下。

整理：对于办公场所、工作现场中的物品，先将其划分为需要品和不需要品，对需要品进行整理保管，对不需要品则进行处理或报废。目的是节约空间，提高工作效率。

整顿：摆放整齐需要品，并对其明确标识，减少寻找的时间，目的是消除“寻找”现象，使寻找的时间为零。

清扫：将办公场所、工作环境打扫干净，使其无垃圾、无灰尘、无脏污、干净整洁并防止污染的发生。目的是保持现场整洁，提升作业品质。

清洁：维持整理、整顿、清扫做法的成果，并对其实施的做法予以标准化、制度化。目的是通过制度化维持现场清洁，创造明朗的现场。

素养：通过整理、整顿、清扫、清洁等改善活动，以“人性”为出发点，使全体人员养成守标准、守规定的良好习惯、好风度。目的是增强员工的主人翁意识，培养员工的良好素质。

安全：指在产品的生产过程中，及时地消除或预防在工作状态、行为、设备及管理活动的安全隐患，给员工创造一个安全舒适的工作环境。目的是保障人、财、物的安全。

（2）对学生个人实施6S管理赋予新的内涵。

整理：整理思想，盘点自己。如近期的目标实现情况如何，近期缺点改进如何，近期在学习生活等方面有什么收获，近期与同学们的相处情况加何，现在的综合素质与理想工作岗位的要求差距有多少，明确有所为有所不为，即不该做的坚决不做，不好的坚决不做。

整顿：将自己的理想、人生观、优缺点、奋斗目标、近期主要任务等问题罗列出来，并准备需要的学习资料、生活物品，根据自己的生活空间现状分门别类地布置好。

清扫：清除思想杂念，对不符合实际的不正确动机彻底放弃。清扫个人及宿舍的卫生，将自己的生活场所彻底清扫干净，创造干净、亮丽的环境。

清洁：对自己经常反省，保持思想、行动与理想目标的高度一致，随时制订自己的人生规划；持续不断地保持思想和个人生活空间的清洁，形成制度和习惯。

素养：通过对上述行为的实施来规范日常行为，提高自己的综合素质。

安全：将自己的身体和身心健康安全放在第一位，小心地支配自己的行为，做到“三思而后行”，确保自身的人身安全和心理安全。

（3）在学生管理中推行6S的实施步骤。

①确定推行组织。

②制订计划，责任到人。6S推行不能纸上谈兵，必须落到实处。在总计划的基础上，每个月都要制订详细、具体的计划。每个环节要有专人负责。在平时工作中有落实、有检查，将6S工作落到实处。

③制定激励措施。激励措施是推动工作的发动机，学校要出台相应的激励措施，制定出完善合理的有关“6S”的激励内容。

④制定适合“6S”管理的指导性文件。有了明确的书面文件，细化到每项管理制度和实施办法上，使教师和学生知道哪些可以做，哪些不可以做。

⑤全面执行“6S”。将“6S”实施到学院的每一位教职工和学生，这是推行的实质性阶段。使每位教职员工和学生能够改变不良习惯，树立一个良好的工作和学习风气。

⑥监督检查。监督检查机构要完善，通过这个阶段，使“6S”的行为贯穿到每位教职员工和学生的工作和学习中，使他们形成一种做事的习惯。

2.企业精细管理理念在学生管理中的应用

（1）精细管理的含义。

从先进管理理念角度来说，精细管理体现了施行者对管理的完美追求，每位员工持有积极向上、高度负责的工作态度，在工作中表现严谨、认真、精益求精的思想。倡导以人为本的管理理念，营造和谐的人文关怀体系。管理者在管理的过程中要对员工关注到每个细微之处。

从学生管理角度来讲，纵观国内高职院校学生管理，还没有系统、全面地实施精细管理理论，但在实际工作中已渗透了精细管理的相关理论，如人性化管理的管理理念、情感管理理论等。那么，将精细管理理念应用到学生管理中要遵循注重细节、立足专业、科学量化三个方面。

（2）学生管理中引进企业精细管理的方式。

①改革学生事务流程，体现人文关怀。根据上文提到的高职院校学生的特点，我们要有针对性地设置学生的事务流程。例如，给行政办事部门设立学生党员做班内联络员，学生党员成为行政部门和普通同学的一个联络员，负责班级的各项学生事务。另外，要改善学校的硬件条件，减少学生事务办理的环节。例如：在校园内实行“一卡通”；利用信息管理手段来建立校园网，所以信息可直接发到每个学生的手机上，让学生感受到方便快捷的服务。

②创建“一站式”服务大厅，设立学生服务日。由于学生上课的时间与行政办公时间有很大的冲突，所以学生的许多事务性事情得不到及时的解决，这不利于学生思想的稳定。因此，学校可以参照政府事务服务大厅的做法，设立投诉维权、证件发放、日常事务办理、后勤服务等事务服务大厅，从服务层面构建优化育人环境的平台，创新内部管理体制，打造对学生精细管理服务的示范。另外，设立学生服务日，在这一天各部门领导亲自与学生交流沟通，听取学生的意见，为学生解决困难，让学生从内心感受到学校的关怀。

③结合高职院校专业和学生的特点，注重学生的职业教育。根据不同专业特点实行精细管理，使管理体制能够符合学生实际。比如，护理专业的学生，根据女生偏多的特点，可以通过建立各种培养女孩子气质的社团，如形体社、化妆社、礼仪队、舞蹈队等来培养学生的综合素质。

④精于攻心，注重细节管理的应用。比如，在某位同学的课桌下面发现一片纸屑，当场提醒同学，并亲自捡起来扔垃圾桶，这样以后他就不会再犯这样的错误。再如，在考试前，将考试安排通过短信发到每个同学手机上，并提醒考试应该准备的东西。每个节日送去对学生的祝福，并记得班内每名同学的生日等。

总之，高职学生管理中引进企业精细化管理理念，能够促进师生关系的和谐，实现学生的培养目标。

3.企业激励理论在学生管理中的运用

（1）激励与激励理论概述。

激励是调动人的积极性的心理过程。在学生管理工作中，学生管理工作者要不断满足学生的需要，而这些需求，就是激励行为。马斯洛的需求层次理论把需求层次排成了顺序，生理需要、安全需要、社交需要、尊重需要、自我实现需要，而这几种需要是逐渐实现的，只有满足了基层的需要，才会朝着下一个需要努力。根据马斯洛的需求理论，可以根据学生需要的层次性、多样性、发展性，恰当地运用相应的激励理论。

（2）激励理论在学生管理中应用的策略。

①用赞美进行激励。赞美不仅可以增强自信心，还可以给人以肯定，每个人都希望体验被人赞美的喜悦，满足自我实现的需求。作为学生管理者，我们一定要运用正确的赞美方式。首先，要发自内心的赞美，真诚的赞美要发自内心，并言之有物，比如，某个学生干部组织的活动很出色，表扬时不要泛泛地说你很能干，而是要说明他在这个活动中哪些地方做得很好，对其一一指出，并一一提到他各方面的能力，这样他就知道要将工作进行到何种程度，并继续努力。其次，要公正的赞美，对有缺点的学生给予称赞，可以弥补不足，改正缺点；对自己喜欢的学生赞美要把握分寸，不能表扬过多，适时有度。最后，及时、多多的赞美，及时捕捉学生的每个闪光点，并及时给予其表扬，比如某个学生穿了件新衣服，你第一次遇到，就可以兴高采烈地称赞："这身衣服真漂亮，是定做的吗？"学生会很高兴，还拉近了师生的距离。

②用温暖抚慰失败者。任何一个学生在校期间都会遭遇或多或少、或大或小的失败，作为学生管理工作者，在学生失意时，若是能够恰到好处地给予他们温暖的鼓励，他们就会抖擞精神，奋发图强。比如对一个留级的学生，你可以鼓励他说："听你的上任班主任说你很聪明，是个很有韧劲的小伙子，组织能力还很强，学习上可能是一时疏忽吧，以后可要正确发挥你的聪明才智了，下学期等着看你拿奖学金了！"这样学生就会重新振作起来，学习会更努力。

③注重校园文化激励。一种健康向上的校园文化对每个学生都会起到一定的激励作用。例如，海尔集团的OEC管理法，其含义是全方位地对每一天所作的每件事情进行控制和清理。以此为激励，每天的工作质量都有提高。同样的设定适合自身发展的校园文化，给学生以鼓励和鞭策，会达到很好的效果。

④运用正负激励理论，激励学生形成良好的素质。正激励就是对学生的行为运用表扬、奖励、评比、示范等方法，对学生的行为给予肯定和赞美；负激励就是通过谈话、批评、处罚等方式来对学生进行教育，这种负激励会对学生产生负面影响，一定要慎用。还有正负激励相结合的方法有时会带来双赢的效果。因此，

在平时的工作中，我们要理论联系实际，因地制宜地实施各种激励方法，正确地引导学生，充分调动学生的积极性，以实现高职院校的人才培养目标。

4.目标管理在学生管理中的应用

（1）目标管理概述。

目标管理是在世界范围内已经广泛应用的一种管理方法，哈罗德-孔茨对目标管理的定义是，目标管理用系统的方法，将重要的管理活动结合起来，有效地、高效地实现组织目标和个人目标，是一个全面的管理系统。在高职院校学生管理中运用目标管理，其实质就是教育者把教育目的和任务转化目标，经过评估完成各项任务，学生就是设立个人目标，经过自我管理，实现自己的职业生涯规划的内容。学校通过目标管理，可以培养学生的目标责任感、意识，提前适应企业目标管理，尽快实现人才培养目标。

（2）目标管理在学生管理中应用的程序。

①设定目标。学校设置学院的整体目标，在这种目标的指引下，班级设定班级目标，学生设定个人目标。各种目标形成目标网络系统。那么，具体的目标设置要遵循SMART原则。

②实现目标。在设定目标后，如何引导学生实现目标是很重要的过程。由于高职院校学生的职业定向性的特点，我们可以结合学生的专业，组织学生开展各种教育活动，为学生实现自己的目标提供一个平台。例如：对刚刚入学的学生进行入学教育，引导学生制订职业生涯规划，让他们在适应新环境的过程中，设定将来发展的目标；二年级对学生进行职业素质教育，通过开展各种活动，使学生明确将来他们所从事的工作和所具备的素质；三年级进行就业教育，让学生懂得就业的相关技巧。同样地，班主任也要根据各班情况去实现班级的目标，如将班级目标设定为：一学期内使班级综合成绩提高5个百分点，那么，班主任和班委成员就要采取相应的措施来实现班级目标，如开展班级学习活动，开展树典型、抓模范等活动。

③信息反馈。在目标实现的过程中，要参照个人目标来进行自我考评，估计取得的成绩，找出不足，确定自己完成的情况。如果觉得目标实施起来难度很大，就要适时地进行修改，并重新确定新的可行性目标。

④目标循环。目标经过设立—反馈—修改—再设立—再反馈—再修改这一不断更替的过程后，不论是整体还是个体都会有不同程度的提高和发展，没有永恒不变的目标，目标会在整个实践过程中不断完善。

通过目标管理的方式，使每个人都确立我现在做的，使我更接近目标的原则，并增强时间观念，合理安排时间。这种方式改变了教师督促学生完成各项任务的传统方式，使学生能够实现自我监督、自我管理。

## 四、校企结合模式下的高职学生管理

为了适应区域经济和产业经济转型升级发展对高技术技能型人才的需求，许多高职院校已经把校企合作、工学结合作为提升学生岗位实践能力的重要手段。在这种人才培养模式下，传统意义上的教与学两方面的关系已经发生了重大变化，要求学生走出校园，走进企业，将理论和实践紧密联系起来，到具体的实践岗位去试就业。在这种新形势下，我们必须改革当前学生管理中的工作理念、管理方式和管理体制，构建适应校企合作要求的学生工作新模式。

### （一）校企合作下学生管理工作的新特点

“校企合作、工学结合”人才培养模式下，要求学生必须到行业、企业中去顶岗实习，练就岗位技能。在这种工学交替的模式下，教育主客体、教学环境和教育内容都发生了巨大变化。

1.教育主体由教师变成了企业技术人员

校企合作的实施使教育主体变为教师和企业技术人员（兼职教师）交替或共同担任教育者，甚至完全由企业技术人员（兼职教师）担任。双方（专任教师和兼职教师）在生产实习的安排、指导、成绩评定等方面的分工与协作、职责与权利的责权出现了模糊，因而给学生管理工作带来了很多不确定的因素，出现了教师不熟悉企业生产和管理，企业技术人员（兼职教师）不熟悉学生管理工作规律的尴尬局面。这种教育主体多元化导致了学生思想波动很大，往往会无所适从，给学校的教育教学管理工作带来了很大的问题。

2.教育客体由学生变成了企业准员工

校企合作的实施，使教育客体学生变成了学生与企业员工（学徒）双重身份。在他们或多或少还有一些“大学生”自我优越感的同时，在还没有做好各种心理准备的时候，通过校企合作、工学交替来让他们变成一名学徒，这使得学生出现了很大的心理落差。同时，随着学生进入行业、企业后身份关系的转变，企业像对待员工一样对其严格要求，这会使学生（准员工）对所从事的工作感到专业技能上不适应，对所处的工作环境身心上感到不适应等，使学生产生这样那样的畏难情绪，这给学生管理工作带来了严峻的考验。

3.育人环境由学校变成了企业

学校、企业（行业）是性质完全不同的两种社会机构，他们有着各自的运行规律和追求目标，企业以追求利益、盈利为主要宗旨，学校以教书育人为主要目标。另外，企业中复杂的人脉关系、紧张的生产活动、严格的企业制度都会使学生产生许多想法，甚至出现排斥心理。而校企合作、工学结合的实施，正是要求学生在不同企业、不同的工作环境以及企业的不同工作岗位上进行实习、实训和实践，这都会引起学生在心理上的无所适从。

4.教育内容由理论化变成了实践化

顶岗实习是检验专业理论教学的重要组成手段，是提高学生岗位实践能力，使其适应岗位工作需求的重要环节。顶岗实习的实施，要求学生在企业真实的工作环境下进行实习实训和顶岗实践，通过实践锻炼来加强专业学习，提升专业技能。学生管理工作者应充分利用并紧紧抓住实习实训这一环节来对学生进行相应的思想政治教育，特别是注重企业文化的教育和熏陶，要充分发挥和调动企业在人力资源管理和培训方面的优势。

### （二）当前校企合作学生教育管理存在的问题

1.校企合作中学生教育管理主体认识的模糊

从企业角度来看，在校企合作办学模式下，企业不再是外在的辅助条件，而是办学模式的重要构成因素之一，是教育成败的关键。受传统教育观念的影响，当前许多高职院校与企业建立合作关系，只是把企业作为教育过程的一部分载体，即把企业只是当作学校产品（学生）的消费者，致使企业处于被动的地位。而真正的校企合作应该是全方位的合作，即企业要参与人才培养的全过程，不仅要为学生提供实习场所，在选拔人才、制定课程、学业考核等方面也都要反映出企业的需求，充分体现出企业的能动作用。

从学校的角度来看，高职院校在建立学生管理制度、学生行为规范甚至组织学生活动中不仅要考虑到大学生这一群体的共性，更应考虑高素质技能型人才的培养需求。一般来说，高素质技能型人才应具备必要的理论知识、丰富的实践经验、较强的动手操作能力并能够解决生产实际操作难题、创新能力、良好的职业道德等基本能力。培养适应社会发展需要的高素质技能型人才是高职院校的基本职责，但是如果没有企业的参与，对高素质技能型人才的培养就是一句空话。而现实中，不少学校管理者和企业都往往认为，思想道德素质和职业道德素质要在学校课堂或者学校教育管理工作中进行，企业主要是提高学生的技能水平。这样的想法，割裂了校企合作、工学结合人才培养模式的内在统一关系。

2.校企合作中学生教育管理制度构建的滞后

高等职业院校在产教结合、校企合作的理念指导下建立或重构办学模式时，要根据学校自身的条件和潜力来重构办学模式，而不能为了形成某种模式而生搬硬套。近年来，在国家的大力推动下，各高职院校纷纷在办学模式方面进行了大刀阔斧的改革。但是不少学校盲目跟风、匆忙上马，不考虑自身情况，不仅在思想认识、课程、学制、管理、实习机制等方面没有充分的准备，在学生的教育管理上更是没有引起充分重视，其结果往往是学生苦、学校累、企业抱怨不迭。

比如就大学生实习而言，学生往往把实习当成找工作，但在实习过程中，一旦发现实习结束无法留下后，则开始敷衍，不愿花时间、精力去做好工作。有的企业常常会出于与学校或个人的关系，接收了实习生，但并没有具体安排实习生的工作。曾经在相当长的时间里，人们把实习生在企业中的实习内容归结为八个字——“端茶”“倒水”“拖地”“擦灰”。这种总结虽有失偏颇，却形象地表现出了实习内容的尴尬。此外，由于实习生与用人单位双方存在权责不明晰等问题，一些企业，特别是中小企业不愿意接收实习生，以免承担巨大风险。所以，如果缺乏针对性和科学性的校企合作机制，在校企合作过程中没有配套开展切实有效的学生教育管理工作，再多的企业实习，也只是走过场。

3.校企合作中学生教育管理的越位与缺位

当前，在校企合作的具体操作过程中，许多合作协议的起草、合作机制的构建、合作步骤的实施、合作活动的安排，往往都是以学校为主，由学校来组织安排。学校是校企合作的“主角”，企业是“配角”，企业只是被动地配合学校的工作，学校的“越位”导致企业参与高职院校的办学积极性明显不高。于是，传出了“校企合作是学校热企业冷”的议论，更多的人指责企业没有社会责任感。另一种是缺位现象。

学校与企业缺乏有效的联动，将学生投入企业后，对学生的职业意识、职业道德、职业心理、企业文化等没有跟进实施教育，对学生出现的怕吃苦、不安心、不好学、动手能力不强的现象也没有很好的引导和解决。

### （三）全程式加强校企合作学生教育管理

目前，校企合作的直接模式或最常见的模式就是学生的顶岗实习。

顶岗实习的目的是检验学生综合运用所学专业知识，锻炼学生理论联系实际的能力，是培养学生的综合素质和更清楚地认识社会与了解社会的重要途径，不仅有利于高职学生的成长，使学生在企业中增技能、长才干、磨意志、修品行，还有利于学校教育教学的改革发展。增强顶岗实习的实效性，关键要加强校企合作学生教育管理的有效性。构建全程式的校企合作学生教育管理模式，即重视顶岗实习前的教育和学习、加强顶岗实习期间的教育和管理、严格进行顶岗实习的考核评价，在三个阶段整个顶岗实习过程中都注重学生教育管理工作，才能确保校企合作开展人才培养的目标能够落到实处。

1.顶岗实习前的教育管理

在实施工学结合人才培养模式中，由于顶岗实习的展开需要找准企业与学校的利益共同点，因此人员和时间并不能够确定在教学进程表中，这容易让参加顶岗实习的学生在思想上产生困惑。比如，一些学生可能会对顶岗实习工作不理解，“为什么不是别人去顶岗实习”“是不是学校送我们下企业从中得利”“我们是不是被学校抛弃、放弃了的学生”等，这就出现了思想教育跟着问题跑的被动落后局面。另外还有一些学生在接到顶岗实习任务后踌躇满志，向往社会，向往工作，顶岗实习仿佛满足他们独立地开拓一片天地的渴望，但又感到自己缺乏专长，缺乏核心竞争力，使得对即将面临的顶岗实习感到恐慌的心态占据了主导，“我要怎样做才能做好”成了他们的最大的疑问。对于这种情绪反应，学校的教育管理者万不能压制这种由于即将面对着新的工作环境以及新的人际关系，如何适应社会的“流水线”作业而产生的紧张、恐惧和逃避的不适应心理，否则就容易导致学生在企业中消极怠工，得过且过，使得工学结合的效果事倍功半。

在岗前教育中，学校教育管理工作者必须让学生明确顶岗实习的目的、意义和岗位要求，使学生站在更高的层面上和更广的社会背景中去看待问题，指导学生从以往的学习经验中找出问题的答案。如果实习任务下达对象是非毕业班的学生，老师要引导学生用理性的眼光去直面问题，要善于发现自身的优势，用积极的态度应对。如果顶岗实习任务是下达给毕业班，则可以教育学生通过在毕业推荐前的宝贵顶岗实习经历来不断提升自己，引导学生要根据自己的实习状况来选择留下（或从事接近的工作），还是继续寻找更加适合自己的方向。

2.顶岗实习中的教育管理

如果我们在顶岗实习前的思想教育工作做得充分，学生在进入企业之后往往能够服从安排，遵守企业的纪律，乐于学习，掌握新岗位的技能。但是随着时间的推移，一些学生不可避免地会出现新鲜感逐渐消退，或者由于工作环境的复杂性和困难导致的退缩情绪，觉得“目前的职业（岗位）没意思”“岗位重复多于创新，没有干劲了”“顶岗实习不过如此。”在这阶段，学校教育管理工作者要特别注重及时跟踪，适时开展思想教育活动，引导学生转变思想。此时学生已经有了一定的工作经验和成长的感受，感觉自己已经“出师”了，所以，学生教育管理工作者要特别注意学生的主体性地位，强调与学生的互动，建立平等的师生关系。一方面，学生教育管理工作者不能一味地袒护学生，那样会使得学生在真实的工作环境中得不到相关学习、工作生活的经验。另一方面，学生教育管理工作者也不能只站在企业的角度，为企业说话，一味要求学生转变思想适应企业要求，这样往往无法带给他们深刻的感受，甚至还会造成学生的逆反心理，使思想教育工作收不到应有的效果。

在学生教育管理工作中，教育者应当注重发挥校企合作制度和以人为本的思想，法规与感情双管齐下，及时发现学生在顶岗实习过程中的优点，肯定他们的付出，加强对表现优秀的学生的引导，发挥他们的先锋示范作用，加强正面激励，搭建起教师与学生间的桥梁。

3.顶岗实习后的教育管理

学生结束顶岗实习后返校，由于很大一部分的工作仍然是对顶岗实习期间的考核、评价、总结等，因此仍然是校企合作学生教育管理的重要内容。学生教育管理工作者可采取总结报告、授课、座谈讨论、个别谈心、评比竞赛、上门慰问等方式引导学生结合顶岗实习，搞好分析总结，并让他们注意在今后的学习、工作中不断改进、提高。回到学校，通过师生座谈，老师和学生把顶岗实习过程中出现的问题、总结的经验、企业的反馈和今后的方向由感性认识上升到理性认识，使学生通过顶岗实习，认清了自己的兴趣和能力，积累了工作经验。这样，校企合作学生教育管理工作才能产生实际效果，并培养出高技能型的人才。

### （四）构建校企合作下学生管理工作策略

校企合作下高职学生管理工作的对策，就是要把高职院校校企合作的人才培养模式有针对性地迁移到高职学生管理中去，建立基于校企合作的四大体系，即构建基于校企合作的全员育人体系、学生管理工作体系、过程评价体系、协同管理体系。

1.构建基于校企合作的全员育人体系

校企合作不仅在教学管理与实施环节上需要校企双方共同参与，而且在学生管理与思想政治教育等方面也需要双方密切合作，因此必须建立以学校党政一把手和企业主管领导挂帅，教学和学生工作的主管部门领导、院（系）负责人组织实施，学生处、团委、辅导员、校内专业老师和企业指导教师具体落实的全员育人体系。另外，必须建立健全由学校和企业领导组成的校企合作领导小组、学校内部职能部门组成的校企合作实施小组、各院（系）校企合作工作小组和合作企业校企合作管理机构组成的全方位的学生管理组织，并强化对学生管理职能的发挥。

2.构建基于校企合作的学生管理工作体系

为了提高高职院校校企合作、工学结合模式下学生工作的有效性和靶向性，必须建立适应校企合作要求的学生管理工作体系。主要有以下几个方面：

（1）安全教育制度。在学生进入企业顶岗实习前，学校和企业要对学生进行安全知识普及，特别要注重培养学生在企业生产过程中的安全意识，让学生提前熟悉安全防护设施，了解企业操作流程，使学生对生产安全、劳动纪律、自救自护等方面有充分的认识，做到安全第一，防患于未然。

（2）完善学生顶岗实习制度。职业院校应与相关实习企业共同商定顶岗实习期间的学生管理制度，这样既可以规范学生（准员工）的日常工作行为，又避免了学生在实习实训期间出现“两不管”现象。

(3) 落实定期联系交流制度，学生到企业（行业）后，学校教师、班主任要及时对学生顶岗实习情况进行督促和检查，及时与企业技术人员（兼任教师）沟通交流学生在实习实训过程中存在的问题，及时了解顶岗实习学生的心理和真实想法，切实地帮助他们解决实习困难，进而提高学生的实习实训效率。

(4) 建立登记备案制度。在开展校企合作实践教学时，学校应将学生名单、企业、学生工作时间、管理办法、出现的问题等相关内容作备案登记，这有利于以后对这项工作的监督和检查，也为学生成绩的过程评价以及以后的学生管理工作的改进提供第一手资料。

3.构建基于校企合作的过程评价体系

目前，高职院校学生顶岗实训评价体系存在着不少弊端，主要表现为评价内容缺失、偏重终结性评价、评价主体单一、缺少过程性评价等，最终导致综合测评难以操作，评价流于形式，最终评定的成绩往往有失公平，挫伤了部分学生的积极性。在校企合作的实施过程中，要充分发挥和调动校企双方在工学结合中的育人功能，建立由学校指导教师、学生管理工作人员、企业技术人员和其他员工共同组成的多元考评机制，共同考评学生在校企合作中的综合表现，特别是要提高过程阶段性评价的权重。同时，应建立面向学校、企业校企合作工作人员和学生的三维激励机制，通过评优评先、发放奖金、择优聘用、事迹报告等形式，表彰奖励在学生管理中表现突出的各类学生管理人员，充分调动各方面人员参与校企合作学生管理的积极性。

4.构建基于校企合作的协同管理体系

要使校企合作的学生教育管理产生最大效益，需要政府积极出台相关政策引导，充当学校与企业之间的“耦合剂”。政府可以建立校企双方均参与的第三方协同管理机构，协调处理校企合作运行中出现的各种问题。企业可以通过第三方协同管理机构来参与教育教学质量的监控和管理，督促培养的人才是否适销对路；学校也可以通过第三方协同管理机构，将企业规范、行业标准、企业文化融入平时的教育教学过程去，增强学生对企业的认同感。通过政、校、企三方紧密协调，形成一套政府认可、学校推行、企业参与的科学合理的高素质技能型人才考评体系，以学生专业能力、方法能力、社会能力，提升学生对自我实践能力的自信心，从而提高学生管理工作的效率。

# 参考文献


［1］白启华.基于大数据背景简析高职学生管理信息化的建设路径［J］.中国新通信，2023，25（6）：92-94.

［2］玉山江·艾尔肯.新形势下高职院校学生管理工作的探索［J］.现代商贸工业，2023，44（22）：186-188.

［3］黄波.微探“微时代”背景下高职学生管理工作创新［J］.现代职业教育，2017，32：244

［4］龚竞舒.基于以人为本理念的高职院校学生管理工作探索［J］.求知导刊，2016（20）：72.

［5］蔡海乔，刘世伟.互联网时代高职学生管理工作新思路［J］.赤子，2017（1）：1

［6］黄丹璐.大数据背景下大学生管理工作的研究与实践［J］.创新创业理论研究与实践，2021（12）：3-12.

［7］董潇涵.论人本化理念下的高职教育管理机制［J］.数码精品世界，2023（11）：500-502.

［8］廖君丽.大数据在高校创新创业实践中的运用探索［J］.中国管理信息化，2019，22（24）：2-5.

［9］黄一琼.新媒体视域下高校学生管理工作创新实践探究［J］.文化产业，2021（20）：106-107.

［10］王智威，王尚，王坷.高职院校学生管理工作的技巧分析：基于冲突化解学研究视角［J］.职业教育研究，2023（8）：50-57.

［11］张冬.高校学生社团管理创新模式探究［J］.创新创业理论研究与实践，2021（7）：3-7.

［12］王鹂.新时代大学生社会实践工作机制探索［J］.北京教育：德育，

2023 (2): 4-25.

[13] 梁倩妮.微时代高职学生管理创新研究 [J].传播力研究，2018 (22) 188-189.

[14] 程庆红.以人为本理念下的高职院校学生管理探析 [J].辽宁高职学报，2023，25 (6): 110-112.

[15] 史琪.人本理念下高职院校教育管理改革路径研究 [J].齐齐哈尔师范高等专科学校学报，2023 (5): 72-75.

[16] 王静.以人为本理念下高职院校学生管理的创新模式研究 [J].山西青年，2023 ( 23): 157-159.

[17] 李美华.心理学与生活 [M].长沙：湖南师范大学出版社，2017

[18] 王环.微时代背景下高职学生管理工作的创新 [J].西部素质教育，2017，6: 18

[19] 法如克·马合木提，阿依登古丽·阿曼台."一站式"学生社区综合管理模式的研究：以高职院校为例 [J].现代商贸工业，2023，44 (21): 86-88.

[20] 朱伟.试论基于"微时代"背景下的高职学生管理工作 [J].才智，2019 (28): 3.

[21] 赵泽龙."三全育人"视域下高职院校学生管理工作的创新路径与策略 [J].黑龙江教师发展学院学报，2023，42 (9): 107-110.

[22] 谭维智，赵瑞情.学生社团生活：一种学习的新视野 [M].济南：山东教育出版社，2013

[23] 李宝山，罗新兰.大学生心理健康教育 [M].重庆：重庆大学出版社，2017

[24] 张杰."微时代"背景下高职学生管理工作创新研究 [J].文化学刊，2015 (3) 24-26.

[25] 杨超.基于以人为本理念下高职院校学生管理工作的思考 [J].黑龙江画报，2023 (22): 79-81.